我的珠峰攀登

汝志刚 著

合肥工業大學出版社

前言

文化是旅游的重要内涵，旅游是文化的传播载体。与其他背包客不同的是，我在旅行中，并没有一味沉浸在风景中。在前往祖国各地考古遗址，探寻中华文明起源，传播中国文明的同时，我一直在通过个人的力量，记录创作、写书探寻文明和历史的渊源，联系中国文化与世界文化的交流，弘扬中国优秀的传统文化与艺术。

我是汝志刚，2015年4月开始从事世界环旅探险。2016年11月中旬，我和两个维吾尔族驼工向导，全程徒步15天，总计480公里，纵向穿越了中国最大沙漠塔克拉玛干，从和田市于田县达里雅布依乡至阿克苏市沙雅县盖孜库木乡，开辟了一条新的徒步线路。期间我了解并向大众宣传了与沙漠相关的知识，如沙漠生存、地理、周边的考古遗址、新疆的历史民族风情等等，在建立了民族友情的同时，宣传了大美新疆的历史文化与自然风光。

不仅如此，我在一次次的旅行中不断挑战自我，2016年9月，我登顶了乞力马扎罗峰，这座非洲最高山峰（5895米），2017年7月，我又再次突破自身极限，登顶了我国新疆的慕士塔格峰（7546米），2017年9月，世界第八高峰马纳斯鲁峰（8163米）也成为我的战绩之一，我并于2019年5月22日从尼泊尔南坡成功登顶世界第一高峰珠峰，展开了对家乡祝福的横幅。

在一次次的攀登、一次次的塑造自我中，我用行动向世人展示了一个中国人不畏艰险、勇攀高峰的精神气质。而在国外旅行时，西方友人对我表现出的羡慕与尊重，也让我真正体会到了作为一名中国人的无比骄傲！我希望通过自己深入这些国家和地区把中国文化传播开来，做一个文化交流的使者。

我已经走过了世界上很多地方，曾去过全球70多个国家和祖国各地。我希望能把我所经历的一切有趣、有意义的事分享给广大朋友。让大家通过这个过程，去感受和了解祖国优秀灿烂的文明与文化，并骄傲于她的博大精深。我也将继续尽我的力量，把悠久的中国文明与文化永远传承下去。

2019年5月登顶珠峰后，许多新闻媒体对我的事迹做了相关报道：如中央电视台13套《新闻周刊》栏目、中央电视台4套《华人世界》栏目、人民网、中国青年报、安徽电视台《第一时间》栏目、南方周末、澎拜新闻、搜狐、新浪、网易、腾讯、新京报、财经天下、三联生活周刊等。

通过长期的世界各地文明文化宣传和探险经历分享，我在“抖音”与“今日头条”里有210多万粉丝，我拍摄的珠峰攀登照片与视频被国内外众多媒体采用，给大学、社科院等机构提供了非常难得的第一手的资料，在各个网络平台上，大量成为热搜，点燃了全国大量民众的“珠峰热”。

本书主要介绍了2019年珠峰南坡攀登的整体背景概况以及作者整个攀登过程54天的全面详细介绍。具体内容包括：

1. 世界珠峰攀登背景的介绍。

2. 整个攀登阶段的介绍：个人攀登背景、攀登训练准备、攀登资金筹划、队伍集合、徒步、拉练、窗口期等待、最后冲顶等。

3. 整个攀登内容的介绍：登山运动的理解、登山注意事项、登山费用划分、珠峰周边地理介绍、营地生活、环保介绍、通信网络、登山向导夏尔巴介绍等等。

4. 爱国主义精神和勇攀高峰的探险精神的介绍：五星红旗飘扬在大本营、中国同胞之间的生死一刻、帮着台湾同胞在顶峰呼喊“祖国母亲我爱你”的场景等。

5. 大量有关人性的介绍：国外遇难攀登者的纪念碑、攀登资金的筹款、垂死挣扎的印度女登山者、为队友哭泣的老党员、攀登线路旁的遇难者、没有氧气后的连环险情等。

6. 沿途珠峰周边壮丽山河的介绍等。

此书是一本纪实性的作品，点点滴滴地记录了非常多的细节，引人入胜，不仅让更多人可以了解真正的珠峰，更让他们可以获取大量的关于珠峰攀登的知识，培养他们的环保意识和互助意识，升华他们的爱国主义精神和不畏艰险、勇攀高峰的精神。

本书具有以下特色：

1. 唯一性，全国第一本关于珠峰攀登全过程的介绍；

2. 内容详细全面，涉及登山过程中的大量细节，纪实性强；

3. 图文并茂，生动形象，读者带入感强；

4. 科普登山运动，以及解答了读者经常疑惑的问题，有强大的吸引力；

5. 展现了中国人的爱国主义精神和不畏艰险、勇攀高峰的探险精神；

6. 贴近时代精神，符合大环境下国家鼓励宣传探险精神及爱国主义精神培养的背景；

7. 具有很强的延续性，作者接下来的探险旅行活动将书中所展现的不畏艰险、勇攀高峰的精神贯穿始终。

在这里我需要强调两点：

1. 感谢一路陪伴我成长的家人朋友们；感谢和我一起攀登珠峰的队友Lucy、凰英、强子（均为网名）以及整个攀登团队；感谢攀登期间日日夜夜陪伴着我，一直关注我整个珠峰攀登过程的粉丝朋友们；感谢珠峰攀登下来后，参与支持我后续旅行、探险的粉丝家人们。

2. 我是坚定的唯物主义者，不相信迷信，也不宣传任何迷信，本书中所有涉及宗教的介绍；一方面都是跟世界文化遗产有关的，另一方面是为了还原真实的登山过程，体现的是在登山中内心对大自然的尊重和敬畏，并不是宣传迷信。

该书中修改引用了一些网络上相关的地理知识介绍、历史文化知识介绍以及一些相关的报道，在这里对所有的贡献者表示衷心的感谢！

本书适合于广大学生、教育工作者、科研人员、新闻媒体人、旅行探险爱好者、教育孩子的家长们等阅读。里面的内容非常详尽，但在书写中仍难免会有错误或者疏漏，还请广大读者朋友们批评指正。谢谢！

目　录

攀登过程 ··025

攀登之前

攀登珠峰的想法产生于何时?

我攀登珠峰的想法萌芽于2017年1月攀登四川四姑娘山二峰的时候。

2016年，我攀登了非洲最高峰——乞力马扎罗山（5895米），这是我攀登的第一座高山。当时并没有太多的经验，因此，在攀登过程中吃了好多苦头，比如说，当时每天的饮食都是厨师安排的，包括咖啡，那时我并没有想太多，每天白天喝好多咖啡，导致晚上睡不着觉，连续三晚都是处于失眠状态。

头天晚上睡不好，第二天还要继续徒步攀登，这样就会很累。最后一天冲顶时，我每走一步都困得不行，不停地坐在沿途的石块上打盹。向导一直在鼓励我，最后距离顶峰100米的时候，我实在是困得不行了，那时向导挽着我的手臂一起走，最后终于成功登顶。

但是那次不好的经历却让我获得了丰富的经验，在后来的攀登中有了更多的自信。

也正是有了2016年攀登乞力马扎罗的经验，在2017年攀登四姑娘山的时候，有了足够的自信，萌生了攀登珠峰的想法。

作者于2016年登顶非洲最高峰——乞力马扎罗山

攀登珠峰之前的准备

体能方面的准备

2016年9月，登顶了非洲最高峰——乞力马扎罗山（5895米）；

2016年11月15日至12月5日，徒步15天、行走480千米纵穿了“死亡之海”塔克拉玛干沙漠；

2017年1月，登顶了四姑娘山二峰；

2017年7月，登顶了新疆“冰川之父”——慕士塔格峰（7546米）；

2017年9月，登顶了世界第八高峰——马纳斯鲁峰（8163米）。

除了这些高海拔的山峰以外，为了拉练体能（同时也为了欣赏历史文化），我也攀登国内许多著名的山峰，如“五岳”、黄山、峨眉山、庐山、天山、青城山、武当山等等，其中最值得一提的是，我总共攀登了嵩山太室山36次，在集中训练期间，一天一趟，每天往返行走山路18千米左右，有的时候甚至一天两趟。

作者于2016年穿越塔克拉玛干沙漠

除了登山训练外，我还有规律地进行慢长跑，在集中训练期间，通常每天跑10千米。

这些锻炼对我的体能、耐力、肺活量等的提高起了很大的作用。

资金方面的准备

我所报名的探险公司，当年珠峰攀登的费用大约为28.5万人民币。除了我个人承担了一部分费用外，其余的部分要靠拉赞助获取。

作者于2017年登顶慕士塔格峰

作者于2017年登顶马纳斯鲁峰

作者36次登顶嵩山

作者于2018年在应县木塔

关于拉赞助的那些事儿

对于登山这一项运动，拉赞助是一件非常难的事情。无论是哪一位攀登者，都非常难。

经过几个月的努力，我终于从某城市的一家公司拉了5万元赞助，我非常感谢这家公司的老板，在我最需要资金的时候，他帮助了我。作为回

报，我只是需要在顶峰帮他公司拉一个横幅（横幅上写着他们企业的理念标语）。

我是一个非常有个性的人，我给别的公司拉横幅，价格就是五万元起，低了我不接，我宁愿去借钱，也不会接低于五万元的商业赞助，尽管只是帮他们拉个横幅而已。

还有一些公司要给我提供手机设备、登山装备等，当然这是可以的，但是所赞助的设备、装备等总价值必须要超过5万元以上，否则我也是不合作的。

为什么要去攀登珠峰?

珠峰是世界第一高峰，其特殊的意义是其他任何山峰都无法替代的。人类“勇攀高峰”的精神在攀登珠峰时体现得淋漓尽致，因为它就是实实在在的高峰，是世界第一高峰。

人类需要勇往直前的探险精神，同样，我们中华民族也需要勇往直前的探险精神，只有这样，我们才能永远屹立在世界民族之林。

怎么理解登山？

登山是一项人、自然、宗教相结合的极限运动，攀登的主体是人，雪山是自然，而宗教则自始至终贯穿其中，人怀着宗教般的虔诚去尊重雪山，尊重自然，完成攀登，通过攀登获取身心的成长。

登山需要注意什么？

第一，我们一定要科学地理解登山，人类征服不了山峰。为什么这么说呢？我们登山，都会等待冲顶时间，所谓冲顶时间，就是指登顶的最佳天气，只有在合适的天气里，攀登才是安全的。换句话说，我们就是在山峰“脾气”最好的时候，才能去攀登，而不是傻乎乎地在下大暴雪（脾气暴虐）的时候去登山。

山峰未曾反抗，我们何来征服？

相反，登山者应该对山峰怀有一颗敬畏的心，只有这样，攀登期间，登山者的内心才是平静的。而一颗平静的心对登山者来说，则是至关重要的，不莽撞，不焦急，脚踏实地，一步一个脚印，最终才能成功登顶，安全下撤。

第二，登山需要科学合理的训练。

体能是攀登雪山的核心，没有足够强大的体能，攀登会非常痛苦，甚至在攀登中可能受伤或者丧命。

如何训练体能？我的建议是去“跑山”，选择一座2000米级别的山，在一定的周期内，比如一个月内，每天一趟，速度稍快，这样对训练体能、力量和耐力都有很大的帮助。另外，再做做慢跑运动，隔一天跑一次，每天一个小时。

第三，登山是一项循序渐进的运动，在攀登了一系列2000米级别的山峰后，登山者必须要从爬5000米级别的山峰开始，一步步，5000米，6000米，7000米，8000米，直至珠峰（8848米）。

为什么要这么做呢？首先，这能积累足够的登山经验，其次，非常重要的是，在攀登山峰时，一步步地检查自己的身体是否有某些缺陷。人们往往在平原上时，一些身体缺陷并不会显露出来，但是在高原上，身体缺陷则会被放大。如果没有通过低海拔到高海拔的攀登过程检验，攀登者的身体缺陷一旦在攀登期间显露的话，则是非常危险的，很容易因此而丧命。

我们不能忽略一个事实：登山，只是适合极少数人的运动，并不是每个人都能登山。

第四，在出发登山前，一定要注意休息，切勿过度疲劳。

第五，除了正常的训练外，要注意饮食，各类营养都要跟上，切勿进行减肥。登山的最后时间，在高海拔地带，因为高原反应的原因，登山者是很难吃下去食物的，因此只能靠身上储存的脂肪来维持身体所需的热量。最后一周内，身体会瘦得非常厉害。比如我在攀登珠峰时，最后一周，瘦了将近10斤。

第六，登山是一项非常谨慎的运动，每一个细节都会影响登山的成

败。在饮食方面，登山期间切勿饮酒，另外，尽量整个攀登期间，白天只喝白开水，不要饮用咖啡和茶，也不要进食一些过辣的食物。这样的话，每天晚上都会睡一个好觉，睡了好觉，第二天才有精神，整个攀登过程，才能保持充沛的体能。

第七，要重视女队友的重要性。俗话说得好：男女搭配，干活不累。女队友们在营造一个轻松愉快的登山环境中起着至关重要的作用。轻松愉快地登山，是每个登山者梦寐以求的状态。所以，要好好地对待女队友！

第八，注意体能的合理分配，同时在登山时，要多喝水，水会携带氧在身体内运输，可预防高原反应。同时注意，不要做一些过大的动作，以防高原反应。

登山对人生的启发

第一，生活原来可以很简单、很快乐。在登山期间，登山者不会有太多的欲望，很多人只会想着：顺利登顶，安全回家。但当回到家后呢，又重新回到现实生活中来，欲望无处不在，这就是一个普通人的生活状态。但是对于绝大部分登过雪山的人来说，正是因为攀登过山峰，知道登山的痛苦，在登山后，就明白了自己真正需要什么，因此不易再被生活所束缚，不易再被欲望所控制。登山后回到家里，喝一碗稀饭，吃一碗面，甚至能顺畅地上个厕所，都会觉得很幸福。

第二，人类无法真正地征服大自然，尊重自然、尊重山峰、尊重别人，与自然、山峰、他人和谐共处，怀有一颗敬畏的心去看待这个世界，才是至关重要的。

为什么要选择南坡?

南坡相对于北坡来说，最大的优势就是便宜，南坡费用25万元人民币以上，而北坡却需要50多万元人民币。

南坡路线更长，雪崩多，非常危险，而且攀登南坡是要到尼泊尔旅游部去注册的，并不经过中国体育总局注册。因此，即使成功登顶珠峰，也不会有国家发放的“国际健将”登记证书。

尽管有如此几项缺点，但是面对北坡超高的攀登费用，很多登山者只能望而却步，我也是其中一位，选择南坡攀登，是不得已而为之。

珠峰攀登费用

珠峰南坡尼泊尔一侧的攀登费用在25万元人民币以上，来自世界各地在这里经营的探险公司很多，他们提供不同的价格，不同的价格也就意味

着不同的服务。想攀登珠峰的朋友一定要选择有丰富经验的探险公司。登山是一项非常严谨的运动，因为探险公司或者向导的原因导致攀登者受伤或者遇难的案例也时有发生。

珠峰北坡中国西藏一侧的攀登费用在50万元人民币左右，目前国内只有一家公司有资质可以运营北坡的攀登活动。

负重前行，生死离别，背水一战！

2019年4月3日，凌晨5点钟起来，出发前往尼泊尔。出发的时候，我弟弟起来送我，我把他喊到我的房间里，我指着一个包，告诉他我所有的东西都在那个包里面，因为我知道自己可能会回不来。那一刻他没有说话，他可能明白了我的意思。我也没有再说什么，我们甚至都没有看着对方，这正是男人之间最真实的情感流露，并不会像电影里一样在生死离别之际表现得那么悲壮。

攀登过程

第1天，抵达尼泊尔首都加德满都

凌晨起来和我弟弟告别后，前一天晚上约好的网约车已经来了。我坐上了车，一个人前往机场。

合肥这座城市，我并不熟悉，大学毕业后，一直待在上海上班，后来辗转北京，在北京又待了几年，在那里有过开心的时光，当然更多的是无奈的时光。

在我困难的时候，并没有人帮我，我也没法向别人张嘴去借钱登山，我不能期望别人对我的理解和支持，我如果这么想，我就彻彻底底地输了。

很多东西，注定只能我一个人去承受。

我来到了合肥，这是我安徽老家的省会，我弟弟家在这边，我住在他家里，多少也有个依靠。重要的是，在这里和一些安徽的企业谈接下来的合作，会很方便。这些是我来到合肥的初衷。

家的感觉，让我心存一丝温暖，也有了一丝凄凉。今天我离开这里，去登珠峰，我不知道接下来会发生什么。

此次离别是与家人们的永别吗？

我给自己留了底线：山可以不登顶，但是人一定要活着回来。这是我在心里面给自己的承诺。

毕竟人生值得去做的事情很多，很多都有意义，没必要非要去登山不可。

然而箭已在弦上，不得不发。

凉风习习，看着明亮的灯光下的航站楼，心情畅快了很多，这似乎预示着明亮的未来。

从昆明转机，抵达尼泊尔首都加德满都。经过漫长的出关等待，我走出了加德满都的机场，此时正是这里的傍晚，一轮静谧的红日下，人们都在满怀期待地等待着要到来的人。

加德满都机场

抵达加德满都酒店

尼泊尔给人太多的遐想，平静、波澜不惊、惊心动魄，探险者们总是在这些不同的状态下不停地切换。

因此，我们都懂得了珍惜，珍惜人，珍惜事，眼前的美好可能稍纵即逝，珍惜当下，在死亡之前。这就是我对生活最好的理解。

过来接我的是尼玛，他是一位有着非常丰富的登山经验的国际高山向导。2017年在攀登世界第八高峰——马纳斯鲁峰的时候，他是我们的国际队长。转眼间，已经快两年未见了。

一顿寒暄后，他便把我送到了一家酒店。尼泊尔的珠峰攀登时光，今天就正式开始了。

第2天，加德满都老城

按照计划，我们全队在4月6日集合，为了更好地适应这边的饮食、水土等，4月3日我一个人提前来到了加德满都。

对于登山，我以前吃过很多亏。攀登了几座雪山后，现在积累了很多的经验，严谨、认真地对待登山，也是我获得的经验之一。

世界文化遗产斯瓦扬布纳特寺

队友们还没有来，我一个人便逛逛加德满都老城，在一条条古色古香的小巷内漫步，体验当地的人文风情，欣赏当地的历史文化，在漫长无聊的攀登之前，可谓是一段非常美好的时光。

加德满都，人口500万左右，海拔约1400米，建城于723年，是一座拥有1200多年历史的古城。

世界文化遗产帕斯帕提那神庙

加德满都坐落在喜马拉雅山脉南坡，喜马拉雅这道天然屏障为这座城市遮挡了来自北方的严寒，城市南面迎着印度洋的暖流，得天独厚的地理环境，使这里年平均温度20摄氏度左右，气候宜人，绿树葱郁，鲜花盛开，是世界闻名的游览胜地。

关于加德满都这个名称的由来，当地流传着一种说法：远古时代，加德满都河谷是一个巨大的龙潭湖，人们为了生存，只得居住在河谷两旁的高山上，行走十分不便。

有一天，文殊菩萨路经这里，得知百姓疾苦，于是善心大发，挥起神剑，辟开一座大山，形成一个巨大的峡口，湖水沿峡谷倾泻而出，形成一个富饶的谷地。于是，百姓欢天喜地，来到谷地，修建房屋，定居下来，形成了最初的城市，这便是加德满都。

人们为了感激文殊菩萨的恩德，便在斯瓦杨布山上修建了一座文殊菩萨庙，直到现在，每年二月的春王节，许多当地的百姓依然满怀着虔诚的心去文殊菩萨庙敬献香火，顶礼膜拜。

加德满都老城街头

第3天，大吃大喝，储存体能

加德满都老城

以前，在登山之前，我总是要去减肥，后来发现这是非常错误的。

第一，减肥需要大量的运动，大量的运动会消耗很大的体力，这就导致了在每次登山之前，还没有出发，我就已经累了。

第二，往往在登山的最后几天，由于高原反应，根本吃不下任何东西，这时，只能依靠身体储存的能量来维持热量的需要。如果有相当多的脂肪储存，其实对登山是有利的。

基于以上两点，我这次出发前休息得很好，也没有再去减肥了。而且来到加德满都后，我有意识地吃了很多牛肉和羊肉，开始储存能量。

今天中午，我找了一家兰州拉面，要了一碗面和一斤羊肉，虽然有点撑，我还是把这一斤羊肉吃完了。

第4天，贫穷但幸福的尼泊尔人

尼泊尔经济落后，属于世界上最不发达的国家之一。旅游业是尼泊尔的支柱产业。尼泊尔地处喜马拉雅山南麓，自然风光旖旎，气候宜人，徒步旅游和登山业比较发达，产值约占国民生产总值的29%。

加德满都街头

高峰时，外国游客能达到60多万人次每年，即使在平时，外国游客也能达到20多万人次每年。2012年，尼泊尔接待航空游客59.53万人次，比2011年增长18.9%。赴尼泊尔旅游的主要为亚洲游客，其中以印度、中国游客居多，其次为西欧和北美游客。

尼泊尔农业人口约占总人口的80%，耕地面积为325.1万公顷，约占总面积的18%，人均耕地面积约1667平方米，山多地少，耕地分布不均衡，40%的耕地没有灌溉设施。这里主要种植大米、甘蔗、茶叶和烟草等农作物，粮食自给率达97%。

2018年，尼泊尔人均收入为1000多美元。尽管如此贫穷，但是来到尼泊尔旅游的人都能感受到洋溢在他们脸上的快乐。他们总是微笑着，很少抱怨。我去过很多世界上最不发达的国家，尼泊尔是唯一一个我没有听到过当地人抱怨政府的国家。

加德满都街头

第5天，女队友们来了

今年的天气很不正常，往年的这个时候，并没有这么多的雨。因为天气原因，队友们未能如期抵达加德满都。昨天Lucy的航班已经飞到了加德满都，但是因为下雨，飞机无法降落，绕了几圈后，又只得返回成都。

尼泊尔旅游部召开珠峰攀登动员会议

今天队友们都来了，大家相互做了介绍，在以后攀登珠峰的日子里，希望大家相互有个照应吧。

今天有些忙碌，我们都做了大量的准备工作，因为明天要朝山里走了。早上，著名的喜马拉雅数据采集者Jeevan Shrestha来到队里做数据采集；然后，检查装备，去户外店购买补齐了所缺的装备；接着去拜访了尼泊尔登山协会，协会CEO送了我两本关于尼泊尔8000米以上山峰介绍的精美彩色图册。我在会议室看到了很多贴在墙上的登山照片，其中有登顶珠峰21次的Apa。

攀登前队伍内部会议

攀登出发前队伍在加德满都聚餐

后来我们去了尼泊尔旅游部，做了登山注册工作，旅游部长做了登山动员以及强调了一些注意事项。晚上队伍开了攀登动员会，队员们聚餐，分类装备（徒步至大本营期间暂不需要的装备要提前运至大本营）。今年我担任队伍的中方攀登队长，尽管大多只是负责队伍注册、与夏尔巴对接、对话翻译等工作，但是我仍然觉得有些压力，心里总是想：如果别人登顶了，而我作为队长没有登顶，那就糗大了，哈哈哈！

希望一切顺利吧！

第6天，卢卡拉开始徒步，抵达帕克丁（海拔2610米）

原定于早上8：30从加德满都飞往卢卡拉的航班11点多才飞，小飞机有些颠簸，但是着陆很平稳。

卢卡拉是珠峰南坡大本营徒步旅行的起点，要到达这里，除了从山下的Jiri徒步5天爬上来之外，只有冒险尝试小飞机航线了。丹增希拉里机场（Lukla Tenzing Hillary Airport）是世界十大高危机场之一，年均坠毁飞机1架，据估计，事故率在1%左右。

跑道仅有420米长、25米宽的丹增希拉里机场得名于两位珠峰首登者。1953年夏尔巴人Tenzing Norgay（丹增·诺盖）协助Ed Hillary（埃德蒙·希拉里）成为最先站上世界之巅的人。Hillary在功成名就之后终身致力于昆布地区的公益事业，并修建了该机场。为了表示对夏尔巴人Tenzing Norgay的感谢，在命名该机场时，他将Tenzing的名字放在了前面。

尽管是一趟高风险的飞行，但仍挡不住人们祈望看一眼世界之巅的热情。经过多年的经营，卢卡拉已经是山间的繁华都市，各种商业、娱乐、旅游辅助设施一应俱全。

抵达卢卡拉机场（2840米）后，离机场不远的地方，我们找了一处小客栈吃午饭。我们卸下装备，开始用餐。期间碰到了一位来自美国的华裔大姐，她主动过来和我们打招呼，听到我们是从中国来的，她异常激动，不断地赞赏我们的探险精神、勇气和中国的强大实力。

在卢卡拉小餐馆用餐

近年来，越来越多的中国攀登者出现在世界各地，在尼泊尔，来这边登山的中国客户占客户总数的1/3。很多夏尔巴人都会说些汉语，很多尼泊尔厨师都会做中餐，这些现实的背后都体现了中国强大的经济实力和综合国力。

吃完午饭，我们继续前行，珠峰南坡大本营沿线大部分都是藏传佛教地区，因此经常会看到刻满经文的玛尼堆和藏传寺庙。

尼泊尔大大小小的吊桥有十几座，这些在电影中频繁出现的吊桥，方便了人们的生活。虽然是旱季，但下面的河水仍奔腾不息，流淌的是碧蓝色或是牛奶色的高山雪水。

我们徒步了7千米后，海拔下降了200多米，最终抵达帕克丁，这里是我们晚上休息的小村庄。

晚上居住的客栈

客栈内简易的卧室

客栈的饭菜不仅贵，而且很难吃，一瓶白开水能卖到50多元。一间小小的房子里有两张床位，每张床位200多元。登山是项很奢侈的运动，不仅贵，还要受罪，吃不好，睡不好，还危险。

为什么要登山呢？这是值得每一位登山者去思考的问题。

与此同时，大本营传来了消息，大本营厨房、会议室、睡觉帐篷等搭建工作已经准备完毕，就等着我们抵达大本营了。

珠峰大本营搭建接近完成

第7天，抵达 Namche（海拔3450米）

早上8点15分出发，继续徒步前行。

今天沿途以峡谷风光为主，经过的五道桥是在电影《绝命海拔》中出现的钢索桥，更值得一提的是，一路的樱花，芬芳淡雅，沁人心脾。

清晨的帕克丁

沿途经过的小村落

沿途美丽的自然风光

途中海拔上上下下，最终上升800米，下午3点15分，抵达了Namche（海拔3450米），大家状态都很不错，并没有什么高原反应。

Namche是昆布地区最大的村镇，在这里几乎可以补充到攀登或徒步所需的一切物资。

沿途美丽的自然风光

沿途盛开的樱花

沿途盛开的樱花

钢索桥

吊桥上背着物资的背夫

沿途的藏传佛塔

最左侧山峰为珠峰，中间为洛子峰，
右侧为阿玛达布朗峰

抵达Namche村落

Namche夜景

晚上居住的客栈

客栈的晚餐

第8天，Namche休整

今天在Namche休息一天，早上起来后，录了一些视频，内容包含对一些问题的探讨，诸如，为什么要攀登珠峰？怎么理解环境保护？

早上录制视频

在客栈吃早餐

关于为什么要去攀登珠峰，在书中其他部分会有介绍。这里谈一下关于珠峰环境保护的问题。最近我在抖音里上传了一些关于攀登珠峰的视频，有些朋友说："不要去攀登珠峰啦，带去了很多污染，要禁止！"

在这里我谈谈自己的看法。首先，攀登珠峰是不可能禁止的，它象征着人类的探险精神，另外，像尼泊尔这样贫穷的国家，登山对于当地来说，是一项巨大的经济来源，禁止登山，就像夺去了他们的饭碗一样。

其次，环境当然要保护，但是该保护的不仅仅是珠峰。我们要认识到，世界上神圣的可不只有珠峰，一切大自然都是神圣的，包括森林、湖泊、草原、沙漠，甚至我们自身居住的环境。试问一下，在人们抨击我们这些登山者的同时，人们有没有去保护环境呢？有保护环境的意识固然是好，但是请从保护自身生存的周边环境做起。环境保护无小事，需要从一点一滴做起！

清晨的Namche村落

雪山环绕的Namche村落

后来，大家逛了逛小镇的巴扎，晒晒太阳，又逛了当地的登山博物馆，了解了一下萨迦玛塔国家公园的信息和一些与登山相关的历史知识等。

Namche热闹的小镇

萨迦玛塔国家公园

登山博物馆

第9天，抵达Tengboche（海拔3870米）

今天途中，上半程路比较平缓，天气晴朗，可以看见远方峡谷尽头的珠峰、洛子峰、阿玛达布朗群峰。我们队员都给沿途的一些村民捐了款。后半程路则是上坡，以原始森林为主，大约下午3点左右到达Tengboche（天波切），随后入住客栈。Tengboche是昆布地区最大藏传佛教所在地，这里有一座规模比较大的寺庙，我们都参观、祭拜了当地的寺庙，这里的藏式建筑很令人着迷，晚霞照耀下的山峰很美，这里的一切都很让人感动。

清晨从Namche出发

途中的藏传佛塔，远处为阿玛达布朗峰

途中的藏传佛塔

沿途美丽的自然风光

沿途美丽的自然风光

最左侧为珠峰，最右侧为阿玛达布朗峰

和队友们抵达 Tengboche

抵达 Tengboche

Tengboche藏式风格的建筑

Tengboche藏式风格的建筑

Tengboche村落一角

第10天，抵达Dingboche（海拔4350米）

早饭后出发，进入森林峡谷，继续爬升，穿过路边的玛尼墙，沿着Imjia Khola河谷绕过几道弯，阿玛达布朗峰就耸立在河谷的正前方，构成了一幅绝佳的风景图。

圣山阿玛达布朗，虽然海拔只有6812米，在随处可见七八千米山峰的喜马拉雅山脉并不算高，也许是因特殊的外形，它却是和冈仁波齐、珠峰齐名的山峰。

继续前行两个小时后，便到达Pangboche（旁波切），海拔3930米，这里是攀登阿玛达布朗峰的基地，从这里可以去阿玛达布朗峰的大本营。

又经过两个多小时后，我们抵达了Dingboche（丁波切）。这里是除了Namche（南池市场）之外的第二大村子，今晚我们入住这里。

该村落的南侧正对着Hinku Himal中的三座山峰：Ama Dablam、Kangtega、Thamserku，北侧可以看到半块洛子壁，景色非常壮观。

路过村落的背夫

早上从Tengboche出发

远处的山峰为阿玛达布朗峰

群山环绕的 Tenboche

远处壮美的阿玛达布朗峰

中午用餐时合影

背负着物资的背夫

途中运送物资的牦牛

抵达 Dingboche

正前方为阿玛达布朗峰

Dingboche村落

雪中的Dingboche村落

下午的时候，太阳正烈，很温暖，这时有的女队友已经迫不及待地想去洗澡了。这个海拔，洗澡并不是免费的，大概一个人要50块钱，当然钱不是问题。Pema建议我们不要洗澡，怕我们感冒，影响攀登。女人们爱干净，犹豫了之后，她们还是去洗了。

洗完后，不一会儿，就下起了大雪，我还一直担心她们，怕她们感冒。

村落在鹅毛般大雪的映衬下显得非常安静、美丽。

吃完晚饭后，和队友们一起出去散散步，也很惬意。这个村子很大，从西至东走完，大概要花上25分钟，我们边走边聊些琐碎的事情，就这样打发着时间。

一路走来，途中我们也认识了很多其他队伍的中国攀登者，没什么事的时候，我们每天晚上吃完饭后都会去别的客栈串门，有时候我们队员去找他们，有时候他们来到我们的客栈。大家都是中国人，见了自然都很亲切，聊聊自己的家乡，聊聊以往的登山经历，聊聊这次要攀登的珠峰，总是一片欢声笑语，气氛十分融洽。

第11天，在Dingboche，拉练至海拔4590米

吃完早饭，尼玛忙完了其他事情后，赶来Dingboche和我们会合。之前的几天，每天都是由国际登山队长Pema带队的。

今天我们在这里拉练，为了更好地适应海拔，我们全队带上各自的水，开始朝着村落后方的山坡攀登，接近中午的时候，我们攀登到海拔

Dingboche村落

在海拔4590米拍摄的阿玛达布朗峰

远处下方的Dingboche村落

4590米。这时天气骤变，开始飘起了小雪，大家拍拍照片，短暂停留后，我们就开始下撤返回至客栈了。

下午太阳又露了出来，我也趁着天气暖和，赶紧洗了个澡。洗完澡后当然是很舒服的，只需注意不要感冒就可以了。

今天晚上，我肯定睡得特别香。

第12天，抵达Lobuche村（海拔5040米）

早餐后沿着山腰前行，道路比较平坦。接近Dughla时，远远地能看见Chola冰湖。中午我们赶到Cholatse峰下的Dughla村子开始休整、吃午饭，这时天空又开始飘起了大雪。

我吃饭的时候不时地看到一些无精打采的人，不少EBC徒步者已经有很强的高原反应了。

令人高兴的是，这里的网络还不错。我现在用的是尼泊尔的SIM卡，这里居然还有尼泊尔某家通信公司的4G信号。利用这个好机会，我赶紧上传了几个视频到我的自媒体里面。能够保证整个珠峰的攀登过程及时更新，也是我内心小小的祈求之一。

下午我们翻越垂直高度200米的山坡，抵达昆布山区海拔第二高村Lobuche（5040米），这个村子与昆布冰川只有一脊之隔，村前入口有很多玛尼堆群，意在纪念在登山中不幸遇难的登山者们，包括著名的美国高山向导斯考特·费舍、登顶珠峰10次的巴布·次仁·夏尔巴等。

黄色帐篷为Lobuche大本营

这里面还祭奠着很多在境外登山遇难的中国登山者们（如杨春风等）。看着面前这些遇难的中国同胞们的玛尼堆，我内心久久不能平静。一个个问题从内心涌出，不断地撞击着我的心灵：为什么要登山？梦想有多重要？生命的价值何在？人生的意义又是什么？

泪水在我的眼睛里不停地打着转，我控制不了，最终还是掉了下来，掉在了这一片海拔4900多米的玛尼堆群里。这是充满敬仰和信仰的眼泪！

他们是伟大的，因为他们曾经为了自己的梦想而战，甚至为此失去生命。

寒风萧萧，庄严肃穆。

沿途运送物资的牦牛队

迎着风雪朝着Lobuche村前进

在这里没有宗教的差异，没有种族的差异，更没有性别的差异，因为大家都是登山者，都怀着一样的登山梦。

这片玛尼堆里聚集着很多人，有人在认真地读着玛尼堆上面关于遇难登山者的生平简历，有的人双手合十，为他们也为自己而祈祷，有的人双膝跪地，祭拜亡灵。在这一瞬间，时间仿佛是凝固的，直到远处马儿奔跑来的铃铛声打破了这一切，我才意识到我也是登山者，我也在为我的梦想而战。

我围着中国遇难登山者的玛尼堆，顺时针转了三圈，告慰亡灵，祈祷他们保佑我接下来的珠峰攀登一切顺利！

到客栈后，雪越下越大了。我开始不停地添衣服，今天感觉特别冷，不仅仅是这个村落处在风口的原因，更可能是因为我为了不出汗，在徒步中穿得不够多，一直顶着风雪在前进，一路上整个身体都没有热起来。

晚上热闹的客栈

远处的四座山峰

我不停地喝着热水，围着火炉烤了半天，终于身体慢慢地热了起来。傍晚，客栈非常热闹，来自世界各地的徒步者们和攀登者们的欢声笑语充满着整个客栈。屋内的温暖和屋外的冰冷仿佛是两个世界，如果没有高原反应，在这个愉快的晚上，我想很多人都会忘记自己是来徒步或者登山的吧！

我走出房门，眺望远处的雪峰。在这里可以看到四座著名的山峰：普莫日（Pumori，7165 米）、林特伦（Lingtren，6749 米）、昆布切（Khumbutse，6665 米）、努子峰（Nuptse，7861 米）。

第13天，抵达大本营（海拔5390米）

今天早上起床，走进院子，看到有人发生了严重的高原反应，非常痛苦。很快就有直升机飞了上来，把他们载回了低处。

山脚下平坦处为昆布冰川

早晨8点多吃完早饭，开始出发向大本营前进，按照计划，今天就要抵达大本营了。前面的路有些平坦，但很快就开始不断向上爬升。途中翻过5110米的Lobuche Pass垭口，到了山顶就可以看到壮美的昆布冰川，很多人都在这里休息、拍照、录视频。想想很快就要抵达大本营了，心里有些小兴奋呢。

前往珠峰大本营终点途中休息的人们

大家走走歇歇，一路感受着从未体验过的被雪峰360度相拥环抱的感觉。

中午在戈瑞克·夏普（昆布地区最高海拔住宿点）吃饭，这里的食物非常贵，一瓶白开水就要200多块钱。

这里的食物依然很难吃，不过我们今天下午就能抵达大本营了，那里的食物会比徒步途中客栈里的食物好吃得多。

吃完午饭后，我们继续前行。前段的道路两侧有很多大石块，我们穿梭其中，不断上升，很是艰难。现在海拔已经有5300米了，很多徒步者表情都很痛苦，缓慢地前行着。还有的人体力不支，只好借助骑马。

左侧高大的山峰为努子峰

远处珠峰大本营的黄色帐篷渐渐露了出来，大家都很兴奋。经过13天漫长的艰难徒步，我们终于要抵达珠峰大本营了。

后半程路比较平缓，最末端开始下降，最终我们抵达了珠峰大本营，同时也是珠峰大本营徒步的终点。很多人都在这里拍照，庆祝这一特殊的时刻。当然这无法和攀登珠峰相比，但是世界上能够完成珠峰大本营徒步

眺望大本营

大本营的营地帐篷

的人也很少，很多人把能够完成珠峰大本营徒步当成他们的人生目标之一。完成者会得到尼泊尔政府颁发的官方证书。

抵达珠峰大本营徒步的终点，徒步者已经完成了他们这次的行程，但是对于我们攀登者来说，才刚刚开始。

我们在珠峰大本营终点拍完照片后，继续向着我们的营地前进，珠峰大本营很大，从珠峰大本营终点到我们的营地，大概有1.5千米，最后的这段路，非常艰难，我不断地坐在那里休息，站起来，休息，站起来，终于两个小时后，我抵达了珠峰大本营！

我们营地旁的直升机停机坪

到了我们队伍的营地，短暂休息后，领队开始给我们介绍营地的环境，包括睡觉帐篷、厨房、会议室、休息室和厕所等，同时嘱咐了

队员用餐室内部

厨房所需的各种食材

厨房内部

我的帐篷内部

一些需要注意的细节，比如上厕所要干湿分离、如何充电等。然后开始给我们队员分配帐篷以及一些接下来所需要的生活设施和设备等。

我们大本营的生活就正式开始了！

今天大家都太累了，很多人都有高原反应，我也有高原反应。在高海拔且疲劳状态下，极易产生高原反应。

晚上吃饭前，厨师给我们每个队员都提供了一块小热毛巾，这些热毛巾是被卷起来放在盘子里端过来的，就像高档酒店里餐前提供的那种一样。把温暖的毛巾敷在脸上，甚是温暖。这个小细节让我们感觉到很温馨，登山过程中，所有这些温馨的时刻都会永远被记在心里，因为登山实在是太苦了。

来到大本营的第一餐，火锅！是的，大家没有看错，是火锅。虽然这里海拔达5390米，但是这里所需要的一切物资都能通过直升机、牦牛、背夫运送过来，因此山下能吃到的东西，这里基本上也能吃得到，只是口味不如山下的罢了。

大家开心地吃火锅

在大本营，只有在重要的日子，像今天这样第一天抵达大本营，才会吃上火锅。为了吃上火锅，所有的厨师和夏尔巴们都要一起参与准备各种食材，因此需要动用大量的人力资源，真的很不容易。

沿途一直吃着难吃的饭菜，面对火锅，我们每个人都非常开心，火锅太好吃了，大家边吃边聊，欢声笑语弥漫在海拔5390米的营地厨房里，这一刻就是最幸福的时光！

吃完饭，过了片刻，厨师们给我们端来了热洗脚水，这是另外一个温馨的细节。我好久都没有用热水泡脚了，把双脚放在盆中，不一会儿全身就暖和了起来。

大雪中的营地帐篷

晚上8点钟，尽管外面在下着大雪，帐篷里很冷，我躺在睡袋里，仍然感觉到很温暖。把自己置身于野外的大自然中，感受着这里的一切，仿佛在和大自然对话，我很喜欢这种自由、找到自己的感觉。

劳累了一天，我很快就睡着了，这一夜睡得很香。

第14天，五星红旗飘扬在大本营

五星红旗迎风飘扬！祖国加油！

今天吃完早饭后，队伍开始忙着一项重要的任务——在珠峰大本营把五星红旗升起来。

之前在尼泊尔登山时，各国队员升起自己国家的国旗、队员们唱自己国家的国歌都是允许的。但是最近，尼泊尔政府开始严管这一块了，他们规定：在尼泊尔境内升起其他国家国旗的时候，同时也要升起尼泊尔的国旗，而且尼泊尔的国旗要置于其他国家的国旗之上，同时，不再允许唱别的国家国歌这种行为了。

没有办法，我们只能按照他们的要求把尼泊尔的国旗至于五星红旗之上，但是为了更好地突出大幅的五星红旗，夏尔巴们仅仅使用了一面非常小的尼泊尔国旗挂在上面来配合我们。

大家忙活了一上午，五星红旗最终在我们的营地上空飘了起来。国旗升起来后，我流下了激动的泪水。

第15天，昂贵的Wi-Fi

刚到大本营营地，我们就开始询问Wi-Fi的情况了，哈哈哈，这里没有手机信号，如果没有Wi-Fi，在未来的几十天里，我们便无事可做。以前登山呢，我会安静地读读书、聊聊天，但是这次有些不同，我录了大量的视频，每天都需要把这些视频及时地更新到我的自媒体上，这样，一方面能很好地记录我的攀登经历，另一方面，在自媒体上我还能获得大量的粉丝。所以，必须要有网络。

购买的Wi-Fi账号

大本营景色一瞥

尼泊尔的一家网络公司在这里提供了Wi-Fi服务，他们专门在大本营设置了一个营业点，需要Wi-Fi的登山者们可以到那里去买流量。同时，在每个比较大的队伍营地，他们都搭建了一些传输网络信号的设备，在我们营地就有一个这样的设备，搭建在我们厨房后面的一个高坡上。

Wi-Fi很贵，5GB流量，150美金，10GB流量，250美金。没有办法，大家都买了10GB的流量。

这样每天都可以在自媒体内上传更新视频了。

第16天，训练攀冰

今天吃完早饭后，我们全队集合去昆布冰川训练攀冰。上次攀冰还是在2017年1月，距今已经有两年多了，动作早已生疏。刚开始攀冰时，没掌握动作要领，攀起来很是费劲。大家轮流着攀冰训练，攀了三次后，大家都累了，我们就回营地了。

攀冰训练中

晚上，大家一起看了关于攀冰的片子，我是个学习能力很强的人，看了一会儿我就找到了感觉，我相信下次再去训练，肯定没有问题了。

拍摄于昆布冰川，背后黄色的营地为大本营

返回至珠峰大本营

第17天，抵达Lobuche营地

按照计划，作为珠峰攀登拉练，我们需要攀登Lobuche峰（6100米）。今天从珠峰大本营（5390米）徒步8.9千米至Lobuche村（4775米），然后从Lobuche村徒步2.5千米，下午5点多的时候，抵达至了Lobuche营地（5210米），夏尔巴们开始搭建营地休息，准备在夜里2点半开始冲顶。

傍晚，周边的山峰非常壮观、美丽，大家拍了很多照片，我还录制了很多视频。晚上休息的时候，向导们把从下面大本营带上来的大盘鸡拿出来加热。在吃之前，我又忙着录制了一个视频，然后再去吃碗里的大盘鸡时，已经冰凉了。没有办法，为了补充能量，我还是慢慢地把它吃完了。

Lobuche 营地周边的壮丽雪峰

第18天，登顶Lobuche峰（海拔6100米）

今天全队登顶了Lobuche峰，海拔6100米。从卢卡拉徒步至大本营开始，就保持每天负重8千克左右。今天登山，也故意背了很多东西，因此体能拉得有点厉害。

这一晚我基本上没有睡着，可能是喝了太多奶茶的原因。心里想接下来需要调整一下饮食习惯了，不能再喝奶茶了，每天只喝白开水。后面的事实证明，我这个决定是非常正确的。在改变以后，我每天都睡得很好。

我们夜里2点半从帐篷里爬出来，准备冲顶。

外面星空璀璨、月光皎洁，远远地可以看到，有一片灯光不断地沿着山脊向上移动，那是提前出发的其他队伍。

途中看到远处的世界第一高峰珠穆朗玛峰（8848米）、世界第四高峰洛子峰（8516米）和世界第五高峰马卡鲁峰（8463米），三座山峰连在一起，非常壮观。距离很远，但是看上去却非常近，似乎伸手就能触及。

最后一段路线，坡度有45度，连续上升300米，爬起来异常艰难。途中我突然感觉到手有点冰凉，有点麻木，我赶紧停下来不停地搓手，我的向导纳旺问我有没有事，我说没事儿。过了一会儿，手热了起来，确认没事了，我们才继续前行。经过4个半小时的攀登，早上7点半我登顶了Lobuche峰（6119米）。

在顶峰，我们展开了五星红旗。因为顶峰面积太小，我们没有足够的空间移动，无法完全展开国旗，我们只好把国旗折叠了一下，这样才得以展开国旗。真的是太不容易了！

凌晨出发攀登途中

凌晨攀登途中

登顶Lobuche

当时还有一群印度登山者，我们在山顶相互打了招呼，有个印度登山者说他自己看上去像中国人，因为他的家靠着西藏。

紧接着我们就返回了营地，我去上厕所时，发现小便尿不出来，等了10多秒钟，才尿出来。尿不出来和在攀登时手有点麻木这两件事，在以前的攀登中从未出现过，这提醒我在接下来的攀登中需要特别注意了。

这次攀登，我有些体会。

全队的速度非常快，不仅时间压缩了一天（本计划在Lobuche村休息一天），而且冲顶用时比其他队伍队员平均少了2到3小时。

虽然全队速度很快，但我是最后一个冲顶的，队里两个女队友很厉害，比我提前50分钟登顶。现在的女队员，真不知道什么动力让她们这么

从Lobuche顶峰下撤途中

厉害。如果没有她们带着，估计我得晚两个小时才能登顶。

但是我还是想说，攀登珠峰是个漫长的过程，稳住心态是非常重要的。稳住、慢点，对于登山来说非常重要！

整理好装备后，紧接着我们徒步了3个小时就返回了Lobuche村，今天在此休整一晚。

第19天，返回珠峰大本营营地（海拔5390米）

每天的早餐都比较简单：白米粥、鸡蛋、面饼以及从国内带的榨菜等，每天消耗大量的体能，早餐却吃得这么清淡，确实有些乏味。

美丽的大本营

吃完早饭后，全队都忙着登山中非常重要的一件事情——煨桑。

煨桑是藏族祭天地诸神的仪式。在藏族地区，几乎每家每户都备有桑炉（或者院子中央，或者在屋顶依山处），每逢藏历新年，大年初一，人们起得很早，第一件事就是煨桑祭神。后来的人只是在已经燃起的煨桑堆上加松枝、柏枝、桑面（糌粑）等物，顺便献酒洒浆，跪拜叩首，添嘛呢箭杆。煨桑是用松柏枝焚起的烟雾，据说在煨桑的过程中产生的烟雾，不仅使凡人有舒适感，山神也会十分高兴。因而信徒们以此作为祈福的一种形式，希望神会降福于敬奉他的人们。

正在准备煨桑

在喜马拉雅一带，这里的人们信奉藏文化，包括夏尔巴民族。在尼泊尔登山，登山之前必须要举行煨桑仪式，无论你来自哪个国家，无论你有什么信仰，所有的队伍都会请喇嘛过来主持煨桑仪式，以祈求山神对攀登者们的眷顾和保佑。

在一块提前搭建好的玛尼堆前，铺上地毯，喇嘛坐在最前方，负责诵经，队员们坐在喇嘛的后面，双手合十，祈祷着。夏尔巴们在旁边负责给队员们发一些糌粑等，这些糌粑是接下来用来撒向空中的。

跳起当地舞蹈的夏尔巴们

在举行仪式前，队员们都把各自的登山装备，如高山靴、冰爪、冰镐、安全带等，从帐篷里拿出来，围着玛尼堆周边摆起来，然后等待着喇嘛给这些装备赐福。

今天，很多周边的队伍都过来体验这具有浓厚宗教风情的祈福仪式，非常热闹。煨桑结束后，夏尔巴们欢快得跳起了当地的舞蹈，大家都很开心。

希望接下来的攀登一切顺利吧！

第20天，大本营休息

最近这几天，不停地听到攀登者在各个山峰遇难的消息。我最担心的是我的朋友陈哥。

前天看到安纳普尔那有登山者失踪的帖时，没有点进去看。昨天吃晚饭时，尼玛说失踪者是位马来西亚人，医生，我突然想起了陈哥，难道是陈哥？我不敢相信，眼泪掉了下来。因为我的朋友33（网名），我认识了陈哥。我想33一定伤透了心，昨天就想联系33安慰她，可惜网络一直连不上，今天才联系上33。

第一次见到陈哥是前年攀登马纳斯鲁的时候，去年在深圳和33、陈哥一起吃饭。饭中，陈哥对国内的一些现象不是很明白，我和33给他解释。作为一名马来西亚华裔，他很关心、支持中国的各项事业发展，因此，我很尊重他。

希望陈哥还活着，希望救援队员能够在山上找到他，把他安全地带下来，我心里默默地祈祷着。

大本营周边壮美的
雪山和蓝色的山川

大本营周边壮美的
雪山和蓝色的冰川

大本营夜景

第21天，捡垃圾

今天计划休息，我和队友们觉得没有什么事儿，想徒步拉练到下面的戈瑞克·夏普。后面的攀登需要强大的体能，因此在大本营休息的时候，我们也不敢掉以轻心，会经常给自己加点量，比如像这样的徒步，每天的俯卧撑，等等。我们吃完早饭，洗洗衣服，简单地整理了一下就出发了，我们和厨师约好了下午1点回来吃饭。路上我们走得比较快，主要就是为了拉练体能，偶尔停下来休息一下。

沿途我看到有不少垃圾，便捡了起来，等到发现有存放垃圾的固定点的时候，我再把垃圾放进去。

珠峰大本营徒步线路是世界上最出名的徒步线路之一，每年有众多来自世界各地的徒步者们到这里徒步。有不少徒步者并没有严格地要求自己，他们随处丢着垃圾，这很不好，希望每个人都有很强的环保意识，共同爱护我们的美好家园。

珠峰大本营周边壮美的雪山

美丽的珠峰大本营

第22天，恐怖的昆布冰川

萨迦玛塔国家公园的核心区域就是珠峰南坡大本营，而对营地最直观的印象，除了喜马拉雅山脉众多高耸的雪山之外，就是脚下真真实实踩着的昆布冰川了，看上去脚下踩的虽然是石块和土，但实际上整个大本营都是建在冰川之上的。

狭义的昆布冰川是指处于海拔5390米的珠穆朗玛峰营地和处于海拔5943米的1号营地之间的冰川。这条壮丽而又危机四伏的冰川被国人称为“恐怖冰川”。

而广义的昆布冰川是这样的：从洛子峰面7600米处开始的长17千米的冰河，离开洛子峰，大约3千米后，冰河迅速下降，形成了近5千米长的冰川。在珠峰南坡大本营周围，冰川形成了一个急剧的南部弯曲，并继续延伸9.6千米到4900米处。冰川的宽度从800米到500米不等。

和所有的冰川一样，昆布冰川会移动，由于与地面的摩擦，冰川的顶部移动得比底部快。正是这种综合移动产生了陡峭而且深不见底的冰裂

在昆布冰川中拉练

从昆布冰川上拍摄的远处营地

缝，一些冰裂缝深度超过45米，而高耸的冰柱甚至高达9米。

我们今天到昆布冰川上拉练，途中一直非常小心，冰裂缝、滑坠事故这些都可以小心翼翼地去避免，但是有的东西是无法避免的，比如雪崩，这只能靠运气了。这里的冰川每天都会发生十次左右的雪崩，要真是碰到了，命也就没有了。

在危险的冰川中穿梭

在昆布冰川中拉练

攀冰壁

在昆布冰川训练中休息

训练后返回大本营

第23天，更换马桶

尽管每天早晨起来鼻孔里都是血块，但是从前天开始，为了更好地拉练体能，我还是坚持每天做60个俯卧撑。

今天全队休息，我从大本营小跑至下面的小村庄，原本3个小时的路程1个小时就到了。一方面拉练一下体能，另一方面是到这里上网，这里的网速比大本营快多了，在这里上传了几个视频，喝了点东西，然后就返回大本营了。

下午的时候，我看到几个夏尔巴在换马桶。所谓的马桶就是一个塑料大桶，周边用石块堆起来，一直堆到桶口处，以稳定大桶。大桶口处放上家里用的那种马桶盖，这就是大本营常用的简易马桶了。厕所是用那种带有拉链的矩形帐篷搭建起来的，再把马桶放在里面，队员们就可以在里面上厕所了。

每当马桶满了的时候，夏尔巴们就要把盛满粪便的马桶拿出来，然后换上干净的马桶。为了保护环境，这些粪便会有由专门的背夫们背下山去。

大雪后的珠峰大本营

大雪后的珠峰大本营

第24天，缓慢的网络

前几天跟大家说我花了250美金买了10GB的流量，每天我都在及时上传更新一些新的视频到自媒体上。提供网络的公司给我们营地专门搭建了一个网络传输点，就在我们厨房后面的高坡上，这里的网络信号最强。为了能更好地上网，我们队伍在传输点下搭建了一个帐篷，平时帐篷不用来睡觉，只用来上网。

帐篷里面只有一个比较厚的防潮垫，上网的时候，坐在里面，非常方便。

最近每天下午都会下大雪，我就坐在里面上传视频。但是Wi–Fi的速度太慢了，上传一个15秒的视频，要花3到4个小时。而且中间我不能切换APP，一旦切换APP，抖音平台就自动退出了，还要重新开始上传。吃了几次亏后，我再也不敢在上传视频的途中切换APP了。

我只能不停地盯着手机屏幕，静静地等待着每一个视频上传成功。这个过程很枯燥无味，但是在大雪中，我静静地坐在那里，看着雪花飘落在我伸在帐篷外面的双脚上，却很有意境。

美丽的珠峰大本营

珠峰大本营周边神秘莫测的山峰

第25天，湖景山景房

哈哈，今天早上我录了个视频，介绍说我们的营地才是真正的湖景山景房。队员们的帐篷围着一个由冰川融化而形成的小湖而建，被四周高耸入云的雪山环抱着，这些帐篷不就是最高大上的湖景山景房嘛?!

第26天，凌晨出发拉练至C1营地（海拔5990米）

凌晨3点，我从帐篷里钻出来吃早饭，带上所需的装备，准备开始此次攀登的正式拉练。为了节省时间，这些装备都是昨晚提前整理好的。对于登山，这些小的细节非常重要，每一个细节都可能会影响最终登顶的成败，甚至可能会影响自己的生命安全。

比如，为了晚上睡得更好，我每天白天都坚持不睡觉，不喝茶、咖啡等提神的饮料，只喝白开水，每天适当锻炼身体，等等。这些细节会让我每天觉得更舒适，对最终的登顶成功起到至关重要的作用。

在出发之前，队伍面对着玛尼堆，从玛尼堆的左侧按顺序围绕着玛尼堆顺时针绕过。在真正的攀登前，这是每支登山队都必须要做的事情，以祈求山神保佑我们顺利攀登、安全回家。

第一次在巨大的冰川中攀登时，有几个词可以表达我的心情：紧张、兴奋、疲惫。

危险的“冰爆冰川”

紧张——

这里是珠穆朗玛峰南坡攀登路线中珠峰四大关的第一道关卡。

我们要不时地借助梯子爬上高大、几乎垂直的冰壁，要在搭建于几丈宽的冰裂缝两端的梯子上小心翼翼地行走。也许一个疏忽，我们就会因此丢掉了性命。

冰爪踩在冰面上清脆的声音、攀登者的急促呼吸声、远处发生雪崩的声音混合在一起，使空气中一直弥漫着紧张的气氛。

巨大的冰塔在头上摇摇晃晃，随时可能坠落，经常会听到巨大的撞击声、冰川中的雪崩声或其中一个冰塔坠落的声音，登山者本能地就会缩低肩膀，把手举过头顶。

危险的「冰爆冰川」

危险的「冰爆冰川」

昆布冰川上布满了破碎的冰舌，每天都会发生数起冰崩，30%的遇难者是在这里丧生的。

这里的冰川随时都可能发生雪崩，面对雪崩，攀登者是无能为力的，雪崩所产生的威力，能瞬间摧毁一座建筑，更不用说一个血肉之躯了。

2014年4月18日上午，珠穆朗玛峰南坡发生重大雪崩。多数死难者（主要是夏尔巴登山向导）就是在这儿发生意外的，共造成12人死亡。

我不怕死，但我不想命丧此处，因为我还有很多事情要做。

巨大的冰裂缝

兴奋——

身处在这些远古就已形成的巨大的壮美冰川里，我异常兴奋。我长这么大，从没有亲眼看到过这么壮美的冰川，甚至在电视上也没有见到过。

夜里，这些冰川是冰冷的，我们只能用心去感知它们恐怖的力量，天亮以后，在太阳的照射下，这些冰川是蓝色的、晶莹剔透的，宛如一颗颗巨大的蓝

攀登队员正在危险的昆布冰川中艰难攀登

宝石一般，镶嵌在大山上。

疲惫——

在冰川里反复上升、下降，绕来绕去，漫长的攀登使我们都疲惫不已。穿过这片巨大的冰川，在上午11点的时候，我和我的向导纳旺、队友Bishinu终于看到了远方平坦处的C1营地。这时我已经筋疲力尽，看到营地内心顿时充满了无限喜悦，看到营地就意味着今天的任务即将要完成了。登山就是这样，往往我们都是数着日子过来的，每天有任务，最终的登山成功都是由这一天天的努力而积成的。

抵达营地后，夏尔巴们开始给队员们搭建营地。夏尔巴们很辛苦，往往一次珠峰攀登，他们需要付出3个月的努力。这包括：

前期的营地搭建、大本营物资运送等。

攀登时队伍的训练，协助队员拉练、攀登、朝高营地运输厨房设备、氧气瓶、帐篷等物资。

使用梯子攀登垂直的冰壁

使用梯子攀登垂直的冰壁

找达C1营地

C1营地

后期协助队员下撤、运输物资回大本营、拆卸大本营等。

期间，他们还要做一些琐碎的事情，比如帮着厨房做饭、维护营地、换马桶等。

三个月的努力，他们能赚到10万元左右，这个数字在收入非常微薄的尼泊尔算很高了，但是这些钱，他们是通过自己的辛苦、努力，甚至冒着失去生命的代价换来的。

下午时分，阳光灿烂，紫外线很强，因此帐篷里的温度很高，感觉在晒日光浴。我就穿着一件薄薄的排汗长袖和排汗裤，戴着墨镜，抹上了防晒霜，躺在厚厚的防潮垫上，非常舒服。

第27天，拉练至C2营地（海拔6500米）

在C1营地早早地吃完早饭，我们就开始出发前往C2营地了。说起早饭，实际上非常简单，我就吃了一块巧克力，喝了些冲泡的果汁。

在高海拔地区，实在是很难吃下东西，因此每次登山我都要瘦很多。

从山下带了两个苹果上来，还带了一瓶可乐，在平原上这些东西没啥重量，在高海拔地区却显得异常的重。因此每次登山时，我都要仔细地检查装备，斟酌即将要带的各种物资，除带上所有必需的装备和物资外，为了减轻总重量，我就不会再带其他东西了。

昨天下午吃了一个苹果，还剩下一个，看着这个苹果，我没有舍得吃，想着到了C2营地的时候再吃。

我喝了几口可乐，顿时神清气爽，对于登山者来说，这些刺激的饮料可谓是灵丹妙药，既能提神，又能补充能量，甚至可以让无聊的攀登过程都变得有趣味起来。

借助梯子小心地走过几处冰裂缝，艰难地攀过了几处冰壁后，前面的

远处为C1营地

在C1营地展示“安徽工业大学校足球队”的横幅

路便是一马平川了。向导告诉我，很快就要到C2营地了，但是最后的这段路，即使只有一点点坡度，我却走得异常艰难。

我决定连续走三十步之后就停下来歇一歇。走完三十步之前，是不能歇的。我就这样，不停地数着步子，朝着前方行进着。

正当我埋头走路时，被前面的交谈声打断了，原来是我们厨房的人员从C2营地来接我们了，他们送来了凉果汁，虽然是用果汁粉冲的，但是喝下去依然沁人心脾，很爽！

休息了20分钟后，继续前行，终于在11点半的时候抵达了C2营地。

在营地的入口处，能看到大量晶莹剔透的蓝色冰川，朝周边望去，世界第一高峰珠穆朗玛峰、世界第四高峰洛子峰都矗立在眼前，背后是努子峰。

美丽的蓝色冰川，远处为珠峰

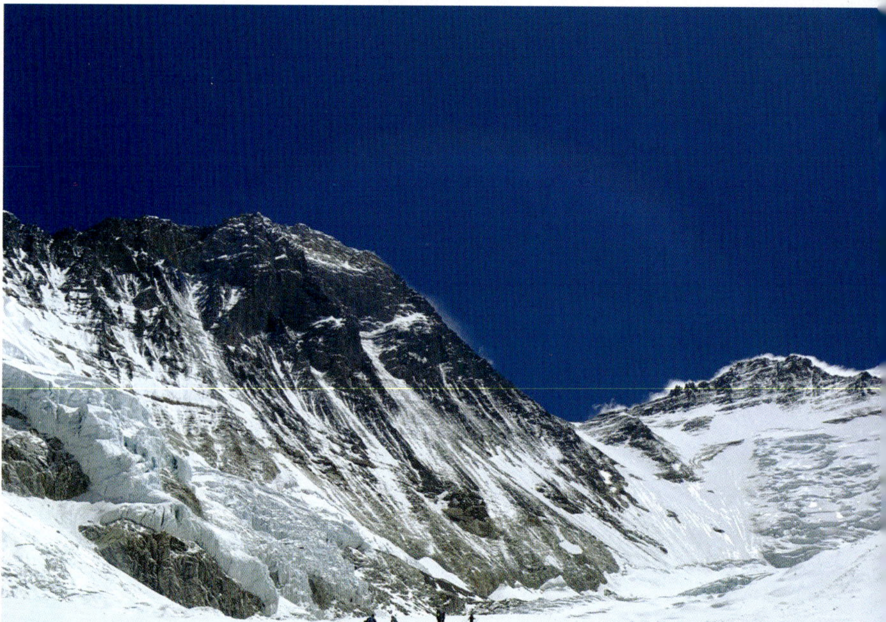

朝着C2营地进发，左侧为珠峰，右侧为洛子峰

抵达C2营地

美丽的蓝色冰川，远处为洛子峰

远远地看去，有些登山者正在朝着远处的洛子壁前进着，还有的登山者正在攀登着洛子壁。

在C2营地，我继续和我的队友Bishinu睡一个帐篷里。

珠峰的营地帐篷分配使用是这样的：

珠峰大本营，每个人一顶帐篷；

C1、C2营地，两个人一顶帐篷；

C3、C4营地，三个人一顶帐篷。

这样的安排是合理的。随着海拔的不断上升，物资运输会变得越来越困难，因此营地越高，便会有越多的登山者共同使用一顶帐篷。

晚上，站在营地的位置，朝着下方看去，夕阳染红了山峰间的云层，既壮观，又美丽。山峰的下面就是大本营，只是从这个位置已经看不到了。

晚霞下的C2营地

晚霞下的珠峰

第28天，恐怖的雪崩

今天本计划在C2营地休息，但是为了能够更好地适应明天到C3营地的拉练，吃完早饭后我们全队还是朝着C3营地的方向徒步了一个小时（还没有抵达洛子壁的下方），在那里停留了一会儿就返回了营地。

我们队的C2营地挺大，有两个用帐篷搭建的餐厅、一个厨房，还有很多睡觉帐篷。夏尔巴们和厨房工作人员从下面带来了很多物资。在海拔6500米的位置，还能吃上炒菜，真的是很难得。登山对我来说，是一项非常枯燥的运动，因此，有越多的细节让我感觉到很温暖，我就会越开心，登顶的概率就会越大。

C2营地建在群峰环抱的一片凸起的山坡上，在这里，面对厨房，抬头就能看到世界第一高峰珠穆朗玛峰，右前方是世界第四高峰洛子峰，背后就是努子峰。珠峰和洛子峰看上去有很多的岩石裸露，而相反，海拔7861米的努子峰却整体都被冰雪覆盖着。

为什么8000米级的山峰有岩石裸露，而7000米级的山峰却完全被冰雪覆盖着呢？这是因为8000米级的山峰，上面的风会非常大，这些大风常年肆虐无情地吹着那些山脊，很多冰雪被吹散了，岩石便裸露出来了。

在不发生雪崩的情况下，攀登时，穿着冰爪行走在岩石上，会更难。

C2营地

吃过午饭，我和队友们正在餐厅里聊天，忽然听到外面有人喊着“雪崩、雪崩”的声音，我赶紧跑了出去，看到夏尔巴们正在朝着远处望去，我顺着方向，看到努子峰的半山腰正在发生大面积的冰川塌陷，冰川塌陷造成了很强大的气流，使得雪片像瀑布一样，倾泻而下。发生雪崩的位置下侧接近C1营地与C2营地之间的中央处，我真为正在从C1营地前行到C2营地的登山者们捏了把汗，不知道雪崩有没有对他们造成伤害，希望所有的登山者一切平安！

傍晚时，我坐在帐篷入口处，看到眼前的山坡上有几位登山者们背负着装备正在缓慢地前进着。有个登山者在坡上弯着腰休息，10多分钟过去了，他还没有站起来。他的向导回过头去搀扶他，一起艰难地缓慢前行，看得我很难受。

正在艰难攀登的登山者

对于登山的艰难，常人是无法理解的。雪山不是小山头，在这里每走几步，都要歇上半天。在高原，往往站着不动都累，睡觉也累，这么说也不夸张。高海拔氧气稀少，身体的机能不能正常进行，因此人会觉得非常累。

这里是海拔6500米的C2营地，但是为了拉练体能，在这里，我还是坚持做了30个俯卧撑。

希望接下来我有足够的体能来完成攀登！

第29天，抵达C3营地（海拔7200米）

今天开始朝着C3营地拉练了。

早上5点钟我就从帐篷里钻了出来，吃完早饭，整理了下装备，全队便开始朝着C3营地进发。之所以出发这么早，是因为我们想避开烈日，早点抵达C3营地。

在高海拔的地方，上午日照会非常强烈，穿着连体羽绒服，身体会很热，因此会非常难受。但同时在高海拔地区，天气多变，一旦冷起来，又会非常寒冷，因此还不能不穿连体羽绒服，以防寒冷。

登山中的这些细节非常重要，实际上诸如每天行进到哪个营地，每天几点钟出发等相关的时间计划安排，在大本营的时候就已经决定了。

我们从C2营地出发，花了将近3个小时才抵达洛子壁的下方。任何想从南坳登上珠峰的登山者都必须要穿过这面长达1125米的蓝色冰壁。山壁的倾斜度是40至50度，偶尔也会有80度的陡坡。夏尔巴们会提前筑好路绳。登山者们要带上安全带和安全锁，把安全锁挂在这些绳索上攀升。

看着眼前巨大、陡峭、光滑的洛子壁，心里难免有些发怵。行走在洛子壁上，刚开始有些不适应，总是担心冰爪抓不住冰壁，会发生滑坠。过了20分钟后，我开始慢慢适应了攀爬。但是冰面下方就是见不到底的悬崖，我仍然不敢掉以轻心，每走一步都非常谨慎。

队伍朝着洛子壁前进

现在的位置已经超过了7000米，没有使用氧气，在陡峭、光滑的冰壁上攀升，难度可想而知。我走几步，就停下来歇息一下。

我的尼泊尔队友Bishinu，在前面不停地和我开着玩笑："Henry，你怎么了，赶紧上来啊，不要停，来啊，来啊。"

他似乎走得很轻松，但是根据我的经验，我知道他这种攀登的方式是不科学的。我见过很多的登山者都是在前期走得挺快，后面却发生了严重的高原反应，只能放弃，无法完成攀登。

正在攀登洛子壁的攀登者们形成了一条长龙

登山一定要慢慢来，因为我们追求的并不是速度，走得慢，身体才能更好地适应高海拔，避免过度劳累和高原反应，最终才更有可能登顶。

正在攀登洛子壁的攀登者

因此我并不介意他对我开玩笑式的嘲笑，我只是按照我自己的节奏来，一点点地爬升着。

快到12点的时候，我终于抵达了C3营地，这里海拔7200米。我回头向下面看去，洛子壁上还有很多人在朝上攀登着。这里天气变幻莫测，刚过了一会儿，再朝着下面看去，就啥也看不到了，高耸的山峰也被云雾笼罩着，消失得无影无踪。

经验告诉我们，我们现在必须要下撤了，一会儿可能会下大雪。如果下雪就危险了。

在下撤之前，我在这里吃了向导带上来的一个苹果，哈哈哈，你在海拔7200米的位置吃过苹果吗？

被云雾笼罩着的山峰

下撤时，因为使用了下降器，会快很多。下午3点前，我们就已经返回到了C2营地。

我算回来得比较早的，陆陆续续地其他队员也回来了。

最终队伍里约1/3的队员无氧拉练至C3营地，2/3的队员没有成功抵达C3营地。

这次成功拉练至C3营地后，我对珠峰登顶已经充满了信心。因为这次拉练，我是全程无氧的，而实际上等到后面开始冲顶的时候，在开始攀登洛子壁（海拔大约6500米）的时候，就要开始使用氧气了，因此会更加简单。

因此，只要身体不出现什么问题，登顶应该是没有问题了。

第30天，返回大本营（海拔5390米）

昨天从C3营地下来后，我们在C2营地休息了一晚，今天凌晨5点半就起来了，要趁早赶回大本营。

为什么要趁早呢？因为等太阳升起来后，昆布冰川发生雪崩的概率会很大，所以我们要趁着太阳升起来之前穿过危险的昆布冰川。

时隐时现的珠峰

昆布冰川每天都在移动，也在不停地融化着，随时都可能发生雪崩。这才几天时间，之前攀登上来时的路线已经变了，雪崩产生的冰雪挡住了原来的路线，我们只得绕路而行，路旁也多了许多由于冰雪融化而产生的潺潺的溪流。原来只需要5个小时的路线，最终走了6个小时才回到了大本营。

拉练结束，大家开心地吃火锅

刚回到大本营，我就来到玛尼堆前，跪拜祈祷，感谢山神的一路护佑，使我安全无恙地返回大本营。

实际上从煨桑之后，在大本营，我每天早晨起来的第一件事就是来到玛尼堆前祈祷，这已经是我在大本营时必须要做的事情了。关于跪拜祈祷，对于我来说，这并不是迷信，而是敬畏和信仰。

今天晚上我们吃火锅，因为拉练结束是个重要的日子。

第31天，金顶

在一天的不同时段内，大本营周边的山峰会呈现不同的美：

骄阳下的山峰，是纯洁的美；

大雪中的山峰，是高冷的美；

云雾中的山峰，是隐约的美；

落日下的山峰，是神圣的美。

而我最喜欢这落日下的山峰，每天傍晚，我都会从帐篷里走出来，等待着夕阳的余晖洒向周边的山峰，而其中最美的则是努子峰的金顶。

傍晚时分，时间一点点地流逝，努子峰的顶部会从雪白色变成银白色，再变成最神圣的金色。

仿佛这是山神故意安排的，有时候一轮圆月也会当空而伴。

金山、蓝冰、皎月，这就是我在珠峰大本营看到的最美丽的一幅画卷。

每当这个时候，我会忘记攀登时的艰辛与残酷，眼前冰冷的山峰宛如一个美丽动人的美人，令人神往。

美丽的日照金山

第32天，返回加德满都休整

今天起了个大早，我们要返回加德满都休息，边休息边等待着最后冲顶的时间。

昨天返回大本营后，我们就在讨论一个问题：我们是留在大本营休息，还是返回加德满都休息呢？

传统的观点认为，我们最好留在大本营休息，因为我们的身体已经适应了大本营的高度和饮食等，如果下撤到加德满都，返回来后，我们的身体还要重新适应大本营的环境。

比较新潮的观点则认为，我们应该返回更低的海拔地区去休息，因为在低海拔地区，我们会吃得好，休息得好，有利于身体从疲劳的状态恢复到精力充沛的状态，更有利于后面的冲顶。

到低海拔地区休息，有利于恢复，这点我是完全认同的，但问题在于，我们从加德满都返回大本营后，身体是不是还要重新适应这里的海拔高度呢？之前的拉练还有没有用呢？

珠峰大本营周边壮美的山峰

珠峰大本营周边壮美的山峰

最后经过讨论决定，我们都返回到加德满都休息！可能是因为这一阶段的拉练太折磨了，我们都想着回到美好的现代社会里吧，哈哈哈。

乘坐直升机是很贵的，从大本营飞到加德满都机场也就一个半小时，但是每人往返需要1500美金。

来接我们返回加德满都的直升机晚到了一个多小时，等我们回到加德满都，已经是中午了，正好赶上吃午饭。医生尼玛帮我们办理好酒店入住手续后，我们一起到旁边的一家餐馆用餐，一起吃饭的还有尼玛的几位来自英国的学生，他们接下来会到大本营去做医疗服务。

我们点了一些比萨、牛排、鸡肉、色拉，大口大口地吃起来，尽情地喝着可乐，哪里还管这些碳酸饮料对身体健康不利啊，只要此时开心、舒服便好！

美味可口的比萨

吃完饭返回酒店，我要好好地洗个澡了，已经20多天没洗澡了，哈哈哈，真的，我洗了好几遍才感觉把自己洗干净了。

洗完后，看着镜子中的自己，两眼冒着通红的血丝，脸上的皮肤也被山上强烈的紫外线灼伤了，非常疲惫、憔悴。

我心里想：回来后就好了，我能好好地休息几天了！

第33天，受伤的小鸟

加德满都老城

这已经是我第四次来到加德满都了，除了热爱加德满都的历史文化之外，我从来没有像这次这样感觉到加德满都这么好。现在的加德满都对我来说，似乎就是个应有尽有的大都市，在这里我能吃到山上吃不到的东西，也不需要穿上那么厚的衣服，只需要穿着T恤、短裤、凉拖就可以了，非常舒适、放松。

在山上的时候，因为空气干燥造成的“昆布咳”很厉害，很多登山者都得了“昆布咳”，我也是，前阶段我每天都咳得出血。

这次下山要好好养一下嗓子，否则后面冲顶时咳嗽会比较麻烦。

今天在大街上逛街时，看到一只小鸟在路上不停地叽叽喳喳地叫着，跳来跳去，但是却飞不起来。

旁边车来车往，它很容易被轧死，我赶紧把它捡了起来，仔细地看了看，也没有看出它有什么伤。

我走到没有人的地方，把它放在地上，它还是跳来跳去，但是飞不起来。

我不敢把它重新放回马路上，便找了一个安静的公园，这里几乎没有人，我把小鸟放在了这里。

我现在没有时间也没有地方去养着它，只能这样了。希望这只小鸟能坚强地活下来！

第34天，世界遗产

来加德满都的游客，一定会感受到加德满都这座古城的魅力。

这里名胜古迹众多，如故宫哈努曼多卡宫、新宫纳拉扬希蒂宫、狮宫等。

著名的杜巴广场

城内印度教、佛教寺院比比皆是，如古赫什瓦里庙、贾格纳特寺、太后庙、湿婆神庙、三界魔力寺、湿婆帕尔瓦蒂庙、黑天神庙、斯瓦扬布佛塔等，有的雕梁画栋、金碧辉煌，有的造型典雅、布局严谨，有的以庙前镏金铜狮驰名，有的以庙内精美的木刻神像著称。

加德满都城内的佛堂、庙宇、经塔、神像等富有珍贵的历史文化价值，文物种类繁多，难以准确统计，1980年被联合国教科文组织列入亚洲重点保护的18座古城之列。

这些众多的历史古迹中很多都是著名的世界文化遗产，比如帕斯帕提那神庙、杜巴广场、斯瓦扬布纳特寺、大佛塔等。

斯瓦扬布纳特寺——

斯瓦扬布纳特寺是尼泊尔的佛教寺庙，亦称斯瓦扬布佛塔，位于首都加德满都郊外斯瓦扬布山顶上，建于公元前3世纪，是亚洲最古老的佛教圣迹之一。

此地猴子特别多，据说它们的老祖宗全是文殊菩萨头发里的虱子变的，所以在此处猴子极为神圣，不仅被当地人视为神明，被庙中僧侣定期供养，还特称此庙为“猴庙”。

杜巴广场——

杜巴广场意为皇宫广场，在加德满都河谷的三个古城加德满都、帕坦和巴德岗中各有一个杜巴广场，是当年三个王国的王宫广场。

尼泊尔王国的马拉王朝鼎盛时期，在文化、建筑、艺术上曾一度达到巅峰，马拉王朝第六代国王死后，其三个儿子各据一方，自立为王，斥巨资修建王宫广场。这些王宫广场囊括了尼泊尔十六世纪至十九世纪的古典寺庙建筑和宫殿，现在都是著名的世界遗产。

2015年4月25日，当地时间14时11分，在尼泊尔发生了8.1级地震，导致加德满都世界文化遗产杜巴广场上的大部分建筑倒塌。

杜巴广场上的一处建筑

帕斯帕提那神庙——

帕斯帕提那神庙是尼泊尔的世界文化遗产之一，是尼泊尔最大的印度教神庙。

该庙始建于公元5世纪，印度教圣地之一，供奉“破坏之神”湿婆。中国游客也称之为“烧尸庙”，是因为帕斯帕提纳神庙外的巴格马蒂河畔有六座石造的火葬台，是尼泊尔印度教徒举行露天火葬的场所。

帕斯帕提那神庙部分建筑

帕斯帕提那神庙里的苦行僧

帕斯帕提那神庙里的精美建筑雕刻

大佛塔——

博达哈大佛塔是全世界最大的圆佛塔，有着白色、巨大的穹形，是加德满都谷地世界文化遗产之一。

博达哈大佛塔坐落于加德满都谷地深处，是藏文化的缩影，其悠久的历史可追溯到14世纪。

这些世界遗产，我已经看过好几遍了，这次在加德满都休息，陪着队友们再来感受一下这些珍贵的世界遗产，漫步在山间小道，欣赏日落，非常惬意。同时也为接下来的冲顶祈求神灵的保佑。

大佛塔

夕阳下的帕斯帕提纳神庙

第35天，美食

这几天我在加德满恢复得很好：

之前在大本营滑倒，手上摔破的小口子愈合了；

高原反应导致的鼻子里的血块没了；

“昆布咳”也没血了，基本上不咳嗽了；

紫外线晒伤的嘴唇老皮也开始褪去了。

身体一天天恢复，跟我们在这里吃得好、休息得好有很大的关系。

队友Lucy和我一样，是个吃货，哈哈哈，她喜欢在手机上不停地找着加德满都的美食，我们一家家的吃，中国菜、意大利菜、印度菜、中东菜等，这些美食都非常好吃。

今天中午我们来到了一家以素餐为主的餐厅，这里提供的是综合的菜系，完全素餐，里面有各种饼、蘸料。

用手撕一块饼，蘸上各种不同口味的蘸料，送到嘴里，真的是太享受了。

我以前从没有想到素食能被做得这么好吃，这次尝试，非常值得，受益匪浅，改变了我对很多事物的看法。我在国外一直坚持尝试不同的东西（包括美食），我认为这是旅行中最重要的一部分。

吃完后，每人点了一份奶昔，再吃一份水果沙拉，可谓美哉！

我们席地而坐，吃着聊着，享受着这难得的空闲时光。

下午我们来到Dreaming Garden（梦想花园），这是一处闹市里的世外桃源，里面非常安静、美丽。

我们到这里拍了一些视频，在片子里，我回答了自媒体里朋友们经常问到的一些问题，比如说：

真正的珠峰攀登是怎么进行的？

为什么要返回加德满都？

为什么要乘坐直升机返回加德满都？

大家看了这些视频之后，我想他们应该会对珠峰攀登有更进一步的认识了吧。

在加德满都的日子，大家虽然很开心，但也一直为何时开始冲顶的问题操心着。最近的天气一直都不是很好，根据天

加德满都的一家中东菜餐馆

加德满都的一家拉面馆

气预报，未来10多天内的天气都不是很好。

我们何时返回大本营，也是个问题，一方面，我们担心回到大本营后，还要在大本营继续等待很久才能等到冲顶的时间，另一方面，我们如果不提前回去，一旦近期开始冲顶，我们不能及时赶回大本营的话，那就更麻烦了。

综合各方面的考虑，为了安全起见，我们决定明天提前返回大本营。

第36天，返回大本营（海拔5390米）

今天起了个大早，准备返回大本营。在前往机场的路上，太阳慢慢地从东方升了起来，我不停地看着窗外这美丽的日出，心里想着即将开始的冲顶之旅，不知道接下来会发生什么。

我希望我能安全登顶，顺利回到加德满都，能再看到这美丽的日出。

经过一系列的安全检查后，我们的直升机开始升空了。在飞机上，温

度很低，我把厚厚的营地羽绒服从包里拿出来穿在身上，但下面还穿着短裤。我经常喜欢这么穿，上半身保暖就好了，下半身我并不觉得冷，哈哈哈！

抵达大本营时，我跟飞行员说，让他把直升机停到我们营地的那个停机场上，他好像没有听到，结果把我们停到了另外一处停机场上。这里是大本营的EBC徒步的终点，虽然都在大本营，但是这里离我们队的营地还有2个多小时的步行距离呢。

我跟他说了后，他继续起飞，结果飞过了我们的停机场，把我们又带到了另外一处停机场。算了吧，我们走回去吧，大概也就20分钟步行的距离。

傍晚的大本营

抵达营地后，我十分关注自己身体的变化。从低海拔加德满都重新返回海拔5390米的大本营时，身体是不是要重新适应这里的高度呢？之前的高海拔拉练还有用吗？我一直在想着这些问题。

到晚上睡觉之前，我也没有觉得自己有什么异样，但是队友Lucy明显有些气喘、胸闷，看来从加德满都回到大本营后，短暂的适应还是需要的，但是并不意味着之前的高海拔拉练没有用了。

第37天，禁止攀登？

网上一直有人在谣传：珠峰攀登已经禁止了。

这是由于对珠峰攀登的错误理解和对一些有关信息的错误解读而导致的。

首先，珠峰攀登分为尼泊尔南坡攀登和中国西藏北坡攀登。登山运动体现着人类不畏艰险、勇往直前的探险精神，世界第一高峰珠峰的攀登当然也是如此。国家不可能会禁止珠峰攀登的，尤其是尼泊尔这一侧，因为尼泊尔的经济主要依靠户外徒步和登山运动，登山运动给当地人们带来了很大的经济收入。让他们禁止攀登珠峰像夺去了他们的饭碗一样。

另外，去年中国西藏定日县的珠峰旅游景区发布公告：从12月5号起，禁止任何单位和个人进入珠峰国家级自然保护区绒布寺以上核心区旅游。

由此公告，很多人产生了误读，以为珠峰攀登也被禁止了，但是大家请注意公告的内容，里面禁止的是核心区域的“旅游”，而不是登山。

所以，珠峰攀登在中国西藏这一侧也没有被禁止。

雪后的大本营

傍晚的大本营

第38天，珠峰大本营徒步线路

今天我从下面的小村子上来，经过珠峰大本营徒步的终点时，我在这里专门拍了照片留念。之前刚抵达珠峰大本营的时候，忘了在这里拍照，今天正好补上。

这里给大家介绍一下珠峰大本营徒步线路。

尼泊尔被誉为徒步者的天堂，拥有许多美丽的徒步路线，其中最负盛名的当属珠峰大本营徒步线路。

关于珠峰大本营徒步线路名称的由来，要从世界第一高峰珠峰说起。珠峰共有三个主要的名称：

中文名珠穆朗玛，是藏语Qomolangma的音译，意思是“大地之母”。

英文名Everest，这是英国殖民地期间一位名叫Everest的殖民者取的名；

尼泊尔名Sagarmatha（萨迦玛塔），意思是“天空之女神”；

珠峰巍峨宏大、气势磅礴，在它周围20千米的范围内，群峰林立。其中著名的山峰有东南面的洛子峰（8516米，世界第四）、马卡鲁峰（8463米，世界第五）、努子峰（7861米），西面是普莫里峰（7161米）、格重康峰（7998米）和卓奥友峰（8201米，世界第六），北面3千米是章子峰（7543米）。因此在这一区域形成了群峰林立、雄伟壮阔的场面。

珠峰南坡大本营

为便于欣赏这一区域的壮丽美景，尼泊尔政府在这一区域开辟了许多徒步线路，建立了完善的徒步设施，并设立了萨迦玛塔国家公园（Sagarmatha National Park）。但由于珠峰大本营这一称呼在国际上的知名度远远大于萨迦玛塔，所以大家去萨迦玛塔国家公园徒步就干脆直接说成去珠峰大本营徒步了。

关于珠峰大本营徒步，有好几条线路，我从卢卡拉徒步至珠峰大本营的线路称为珠峰大本营往返线路，此线路以珠峰大本营为目标，只走一条沟，主要景点是珠峰大本营和Kala Patthar观景台。

珠峰大本营徒步终点处

此次珠峰攀登中，我已经完成了EBC徒步，也完成了一座从没有过的6000米级山峰——Lobuche峰登顶，非常值得高兴。在路上的时候，经常有来自世界各地的徒步者向我祝贺，一瞬间，我更加明白了完成珠峰大本营徒步和6000米级山峰登顶的意义：梦想可大可小，并不一定要去攀登珠峰，只要去努力了，实现了自己的梦想，就值得庆贺！

这期间，我认识了很多人，看到了很多令人感动的事情。在这里，我想说：向那些为了梦想而努力奋斗的人们致敬！

第39天，消融的冰川

每天早晨起来先去礼佛、敬拜山，接着做做拉伸运动，一整天身体都会很舒服。

在这里我强调一下：我是坚定的唯物主义者，不相信迷信，也不宣传任何迷信，本书中所有涉及宗教的介绍一方面都是跟世界文化遗产有关的，另一方面体现的是在登山中内心对大自然的尊重和敬畏，并不是宣传迷信。

登了一个多月的山，昨天在机场称了一下，瘦了10斤，现在168斤，可我的两个女队友各自都胖了2斤。

真不明白，同样是登山，差别怎么这么大呢?

世界上有很多美景，你再不去看，就永远看不到了，正如这大本营不断融化的冰川。

根据一项发表于《科学进展》（*Science Advances*）的最新研究，每年喜马拉雅冰河流失的冰水已达到80亿吨，海拔较低的冰河每年流失的冰层

大本营清晰可见的正在消融的冰川

冰雪融化形成的潺潺的溪流

高达5米。照此趋势下去，喜马拉雅周围依靠冰河供应水源的8亿亚洲居民将受到影响。

有研究称，人类活动导致的气候变暖及当地环境污染是导致喜马拉雅冰川消融的原因。

尼泊尔加德满都国际山地综合开发中心发布的研究报告称，即使各国努力达到《巴黎气候协定》中规定的减排目标，截至本世纪末，喜马拉雅山上仍可能有三分之一的冰川会融化。

报告称喜马拉雅山上三分之一的冰川融化只是最好的结果。如果全球减缓气候变暖的努力失败，三分之二的兴都库什–喜马拉雅山一带的冰川将在本世纪末消失。

大本营不断消融的昆布冰川

根据英国科学家的研究，喜马拉雅冰川融化还威胁到登山者的安全。因为气候变化，珠穆朗玛峰南坡的昆布冰川上的诸多小型冰川湖面积正在扩大，并正在形成危险的大型冰山湖。昆布冰川作为世界第一高的冰川，是珠峰攀登者必须经过的一段险路。冰川退化让冰面变得更加脆弱，也让珠峰攀登变得更加危险。根据近年来一些攀登珠峰的登山队员反馈，在经过昆布冰川峡谷时，可以看见冰窟和潺潺的流水，这说明冰川融化的速度已经超出了人类的想象。

近几年，大量的报告和研究都已经表明，喜马拉雅冰川的融化已经快到不可控的地步，其造成的后果更是我们人类承担不起的。

所以，这个时候一起行动起来，为减缓气候变暖努力，才是我们人类最应该做的事情！

第40天，近400位攀登者

根据尼泊尔旅游部统计，今年在珠峰南坡，一共有44支队伍（37支国际队和7支尼泊尔队）获得了珠峰许可证，即一共颁发了44张珠峰许可证。将近400位来自世界各国的攀登者，其中印度人最多，一共有77人，美国75人，中国67人（其中，大陆60人、香港5人、台湾2人）。

像小镇一般热闹的珠峰大本营

印度登山者大多数来自印度陆军、警察和社会组织，对于他们来说，登山就是他们目前的工作。

攀登期间，包含队员、夏尔巴、厨师、医生、政府工作人员等在内的总计有2000多人在大本营生活，有1000多个帐篷搭建在这里。

这里就像一个小镇，登山者们穿梭其中，非常热闹。

这里是梦想者的家园，每个登山者都从这里开启登顶珠峰的艰难旅程。

这么多人中，有多少人能够登顶？有多少人能活着回来？接下来冲顶的过程中，会发生什么？时间会告诉我们一切！

第41天，接近冲顶

今天尼泊尔时间下午1点45分，8名负责修路的夏尔巴们登顶珠峰，于是今年珠峰攀登的大幕便拉开了！

既然现在路已经修好了，接下来的问题就是等待冲顶的时间了。

我的“昆布咳”还没有好，期间吃了两天的阿莫西林，吃了之后好了些，但是毕竟是抗生素，吃完后，皮肤瘙痒，所以我就没再吃了。

我又尝试吃了些止咳的药品，如蜈蚣丸等，但总是当药含在嘴里的时候，就不咳嗽，不含的时候，又继续咳嗽，治标不治本。

其实嗓子长期没有好的原因主要还是我一直在吃凉的，没有克制。我有意地试了几天不吃凉的，嗓子的确好了很多。接下来，我决定就不再吃凉的了，希望嗓子能早点痊愈，在冲顶之前，把自己的身体状态调到最好，才能面对后面艰难的攀登。

傍晚的时候在用餐帐篷里聊天，忽然听到帐篷外直升机轰隆隆的声音，然后听到外面有人在议论着什么，好像是出了什么事情。

傍晚下的珠峰大本营

一位得了雪盲症的攀登者
被直升机吊了下来

我走出帐篷，向空中看去，看到一架直升机从昆布冰川的上空正朝着我们队伍营地的方向飞来，直升机的下方好像用绳子吊着什么，我定睛一看，原来是个人！

我问领队发生了什么事，他告诉我，被吊着的那个登山者得了雪盲症，是从C3营地吊下来的。

希望他接下来一切顺利，我心里默默地为他祈祷着！

第42天，我的帐篷

每天早上起床之前，我都会躺在睡袋里，看着头顶上的帐篷。

7点钟，太阳开始变得烈了起来，帐篷顶部的冰雪开始慢慢融化，水珠沿着帐篷曲折而下。冰雪融化后，帐篷的颜色也发生了变化，阳光透过帐篷，洒向我的睡袋，我把上身露出睡袋，享受着这温暖的时光。伸几个懒腰后，慢慢地开始起床。

清晨的珠峰大本营

帐篷里放的都是我的各种登山装备，按照类别，分开放着，除了登山装备，还有各种药品、生活用具，比如水杯、日光灯、尿壶等。

夜里的时候，外面太冷了，来来回回上厕所很不方便，我都是在帐篷里用尿壶解决小便的。

我的帐蓬就是我在珠峰大本营的家，外面寒风肃肃，里面却很温暖。夜里经常会听到远处轰隆隆的雪崩声，尤其是在这个时候，在帐篷里，自己更觉得有安全感了。

第43天，喜讯传来

今天早上，大本营迎来了一件令人鼓舞的消息：在珠峰南坡，第一批攀登队伍登顶了海拔8516米的世界第四高峰洛子峰（登顶者分别是两位中国人和两位希腊人），祝贺他们！

天气合适的话，接下来珠峰的冲顶也要很快拉开帷幕了。

我们回加德满都休息的期间，大本营的Wi-Fi运营商在我们的会议室帐篷里专门给我们队伍搭建了一个网络传输点。网络速度比之前快了好几倍，因此现在每天视频上传的数量也比往日多了些，网络流量用得很快，之前买的10GB流量已经快用完了。

早上Lucy说了句："队长每天都在不停地上传视频，流量挺能用的啊。"我赶紧打断了她，说她简直是乌鸦嘴，这种话是不能说的，说啥啥来。

果真，今天下午流量就用光了，哈哈哈。

Lucy查了一下她的流量，她的10G流量居然还有8G多，她平时不上传视频，因此剩余的流量很多。

珠峰大本营美丽的蓝色冰川

因此，我从今天开始就霸占着Lucy的手机，用她的手机发视频了，反正她的流量不用也是浪费，因为我们很快就要开始冲顶了，冲顶期间没有信号，登顶下来后，紧接着就要重回都市生活了。

第44天，冒险的中国队伍

拉练结束后，有一些队伍返回了低海拔地区去休息，但是绝大部分队伍还是选择留在大本营休息。

在大本营的生活是很无聊、痛苦的，这些人在大本营已经四十多天了，吃不好饭，睡不好觉，洗不好澡，每一天都受着折磨。今年等待合适的冲顶时间非常长，这些之前没有下去的队员们，精神都快崩溃了，早已经扛不住了，他们希望能早早开始冲顶，结束漫长的攀登。

因此，有的队伍就开始铤而走险了。其中有一支来自中国的队伍，尽管这几天的天气并不适合冲顶，他们前几天依然决定开始冲顶，今天就是他们最后一天登顶的日子，我真的为他们捏了一把汗啊。

他们能不能顺利登顶？会不会受伤？能不能活着回来？我们队伍今天一天都在关注着这件事情。

傍晚的时候，传来了消息：他们队伍中，有几个队员在冲顶后，下撤到海拔8700米的位置时，没有体力，下不来了，紧急需要救援。

大本营周边壮美的雪山

美丽的努子峰

在这个位置下不来，是非常危险的。不过我听说有夏尔巴们已经上去救援他们了，还不知道接下来会发生什么，在这里我们只能为他们默默地祈祷，等待着明天的消息。

第45天，抹平债务

今天晚上睡觉的时候，之前赞助我登山的某公司老总发微信问我：小伙子，登上去了吗?

我：还没有呢。

他：登顶珠峰是很多男人的梦想，我没法实现了，希望你能帮助我去实现。

我：好的，我一定会的。

他：等你回来后，我把你所有的账都抹掉。

我：好的，谢谢!

他：一定要注意安全，实在不行，就不要坚持了。

我：好的。

看到他主动说要把我所有债务都抹掉，我非常高兴。一下子压力小了很多，毕竟我信用卡里欠了25万多元人民币呢，再加上其他债务，我一共欠了有30多万元人民币。

美丽的日照金山

我不知道他是怎么知道我有债务的，但是在我登顶下山后，如果他真的能把我所有的债务都给我抹平，我会非常感激他的。

希望一切顺利！我默默地祈祷着！

第46天，水饺

美味的水饺

在漫长的等待之后，我们终于等到了适合攀登的窗口期。

今年的窗口期非常短暂，只有3天，21日、22日、23日，这也就意味着，几乎全世界所有还没有登顶的队伍都会选择在这几天冲顶。因为登顶后，还要选择一天好的天气下撤，所以基本上所有队伍，包括夏尔巴和队员们在内500多人都会选择在22日登顶，把23日留用于下撤。

因此路上势必会非常拥挤，尤其是22日冲顶，接下来的艰难可想而知！

饭后的水果

冲顶出发前的傍晚

全队决定今天夜里两点出发，开始最后的冲顶！

晚上厨师们特意给我们做了水饺，牛肉馅，还有调料蒜。在海拔5390米的异国他乡，在冲顶的前夕，我们吃上了能够代表“离行前的祝福”的中国特色美食。我们每一个队员心里都是暖暖的！

吃完水饺之后，我们还吃上了一顿丰盛的水果，这在以前是从来没有过的。今天的一切都显得非常特殊！

冲顶之前的这个晚上，我有些兴奋，又有些期待。我早早地睡了觉，希望接下来的冲顶一切顺利！

第47天，开始冲顶，大本营至C2营地

夜里凌晨2点半，大家起来后，开始整理装备、吃饭，开始准备最后的冲顶了。我们排成一列，全队12人，由国际队长Pema带队，顺时针沿着玛尼堆左侧绕过，开始前往今天的目的地——C2营地。

我看向前方的昆布冰川，早已是人头攒动，灯光闪烁。今年的窗口期就那么短，所以绝大部分队伍都集中在今天出发。

刚进入昆布冰川需要换上冰爪的地方，我们的冰爪还没有换上呢，后面的队伍就接踵而至了，一片面积不大的平缓之地挤着好多人在这里换冰爪。

我换好之后，便和我的向导开始出发

攀登者们在危险的昆布冰川中攀登

凌晨的昆布冰川

了，我们并没有等待其他没有换好的队友。这是很正常的，往往队伍出发时间是统一的，但是由于每个人的行进速度不同，队员之间的距离很快就拉开了，行进快的队员无法等待行进慢的队员，先到营地就意味着可以早早地在营地休息，补充体能，这将有益于接下来的攀登。除非碰到一些特殊的情况，如某队员受伤、遇难等，需要队伍做整体计划，统一速度前进或者下撤。

行进的路上，经常听到有人在咳嗽，灯光照去，偶尔还看到雪地上有些鲜红的血迹。这次攀登已经快50天了，很多登山者都扛不住了，身体有着这样或者那样的毛病，也很正常。但是身体不舒服，接下来的冲顶可就很危险了。

在经过冰爆的位置，我突然听到左上方山峰处轰隆隆的声音，身体不禁一抖，就在这一瞬间，我的向导纳旺身体也向后面缩了一下。这是人的正常反应。

几乎同时，我们朝着发出声音的位置看去，一些冰雪正在从左上方的山峰处向下滑落，幸运的是很快就停止了。

如果是大面积雪崩，我们就完蛋了。

不像之前的拉练会在C1营地住上一晚，今天我们计划直接到C2营地，不在C1营地住宿，这对体能的要求是很高的。因此每个人走得都很艰难。

我和纳旺走在前面，队伍里其他队员大概和我们差了两个小时的距离。

清晨的昆布冰川

当我经过C1营地的时候，狂风大作，我顿时就打起了冷颤。我又冷又累，在大风中是无法坚持的，我赶紧跟纳旺说，我们需要在C1营地短暂地休息一下，避避风，我也需要加一件衣服保暖，纳旺点头同意了。

C1营地已经没有几个帐篷了，在我旁边的一个帐篷里，有人正在里面休息、添加衣服。我只好坚持着在外面等待，等到他换好后，我才钻进去吃了点东西，把小羽绒服加上，休息了一会儿。

身体好了很多，风也小了很多，我们继续前行。

快接近C2营地的时候，我的向导的对讲机里传来了雪山（我的一位朋友）和强子（领队）对话的声音。雪山是另外一支中国队伍的队员，他们前几天冒险先行冲顶，在后来的攀登过程中，发生了一些事故，有几位队员受伤下撤，还有几位队员登顶后体能不足，无法自己下撤，需要

攀冰壁

使用梯子过冰裂缝

抵达C2营地

救援。

作为一位50多岁的老党员，雪山哭得像个孩子。他在述说着前两天他们攀登时有多么的困难：糟糕的天气，夏尔巴对他们的帮助不足，导致他的队友差点遇难等。听着他的述说，我掉下了眼泪。我能感受到他们最后一天冲顶时遇到的巨大困难，也能感受到他现在想营救被困队友的急迫心情。

过了一会儿，我们就碰到了，刚打了声招呼，他就急匆匆地向下面跑去，他一心想着赶紧下去想办法救他的队友们，甚至都不顾自己的安危。看着他远去的背影，我大声喊着他要慢点，注意安全，毕竟一个人过昆布冰川太危险了。

这就是登山，登山的过程中，每个人都是真性情。一片茫茫雪山，这是一个追求梦想的地方，这是一个真情流露的地方，再坚强的人都会为自己或为别人掉泪。

下午三点多，我和我的向导抵达了C2营地。

第48天，C2营地休整

今天在C2营地休整一天，是计划内的。昨天大家都走得很累了，今天休整一天可以恢复体能，同时也能给身体补充一些能量。

相比之下，先前出发的几支队伍，都没有在C2营地休息，这是非常冒风险的。因为头一天从大本营直接到C2营地，身体已经很疲劳了，第二天还要直接前往C3营地，攀登的艰难程度可想而知。雪山的队伍就是个例子，他们后面发生的各种危险情况，可以说和没有在C2营地休息一天有很大的关系。

关于登山，我的理解好比是一场马拉松，而不是一场百米赛。如果在能保证足够安全的情况下，我是能够接受足够慢的攀登，而不是冒着很大的风险快速攀登。

另外，我们队伍还在海拔6500米的C2营地设立了厨房，这对攀登有很大的帮助，尤其是心理上的帮助。

漫长的攀登，给登山者心理上造成的不利影响是很大的。但是如果在

C2营地还能像在大本营一样，能够吃上几种不同口味的炒菜，那么这会对攀登者心理产生非常积极的影响：从大本营出发冲顶就好像是从C2营地出发冲顶一样，因此心理上会觉得漫长、艰难的登山周期就像少了两天一样。

早上吃完早饭，夏尔巴们每个人背着30千克的氧气，从C2营地运送至C3营地，他们速度快，攀登3至4个小时即可抵达，然后下午返回C2营地休息。

C2营地的厨房

物资都是由夏尔巴们提前运送至高营地的，以便队员们后面使用。

傍晚，珠峰在云雾中时隐时现，神秘莫测。待到日落时，晚霞洒在珠峰和洛子峰上，峰顶一片金色，仿佛是天边金碧辉煌的宫殿，令人神往。

我和我的队友毗湿奴

时隐时现的珠峰

晚霞下的洛子峰

第49天，C2营地至C3营地

今天凌晨4点，全队从C2营地前往C3营地，因为之前的拉练适应，并且这次我们在洛子壁下就开始使用了氧气，因此攀登过程比之前拉练轻松了一些。

经过漫长的洛子壁的攀登，我在中午12点抵达了C3营地，后面其他队员们也陆陆续续到了，全体队员休息，但是因为C3营地没有足够的帐篷，夏尔巴们需要下到C2营地去休息。他们把我们队员安顿好之后，紧接着就下撤到了C2营地。

夏尔巴们的体能实在是太牛了，他们似乎就是为了攀登雪山而生的。

夏尔巴，是一个民族的称呼，他们居住在喜马拉雅山脉一带，分布在尼泊尔、不丹、印度等地。他们以前是从中国西藏迁出去的，20%的语言和藏语一样，信奉藏传佛教，大部分夏尔巴人以高山向导为职业。中国也有夏尔巴，只不过被划分到藏族里了。

前往C3营地途中拍摄的远处的C2营地

C3营地

第50天，C3营地至C4营地

今天计划凌晨3点出发前往C4营地，由于C3营地没有多余的帐篷，同时也是为了带回一些其他物资，昨天晚上夏尔巴们只能返回C2营地休息。但是夏尔巴们并没有及时抵达C3营地，最终我们将近晚了半个小时，3点半左右才出发。

对此，我是很不满意的。登山是一项非常严谨的运动，每一个细节都能影响最终攀登结果的成败。大家说好的时间，每个人都应该守时，这是最基本的原则。但是对此，我也没有抱怨太多，事已至此，最重要的是及时调整自己的状态，不能让负面心情影响接下来的登山。

今天的这段旅程是这次珠峰攀登中最辛苦的。垂直冰壁、大坡度的漫长路线，小坡度的漫长路线，裸露垂直的岩石壁，每一段路都走得让人崩溃。我走在队伍的靠前处，经常回头向后面排成一列的队伍看去，大家都是走几步，休息一会儿，就这样煎熬着。

前往C4营地途中的登山者

在经过前进营地的时候，我突然看到了一具登山者的遗体，被睡袋包裹着，一根绳子将它连在了我们前进使用的路绳上，大概离我们3米远的位置。

看到他时，我心里一阵酸楚。我不知道他是哪国人，也不知道他叫什么名字，但是我知道他是为了自己的梦想而遇难的，我没有害怕，更多的是对他的敬佩。

我甚至没有停留，也没有多看他一眼，只顾继续前行，去完成我自己的攀登。

没走多远，我看到了另外一支中国队伍的几位队友，他们昨天早上刚刚成功冲顶下来。我和他们打着招呼，向他们祝贺。

登山就是如此现实，前几分钟刚碰到一位攀登者的遗体，现在又碰到几位成功登顶后下撤的攀登者，这仿佛是老天爷故意安排的，似乎在告诉我们接下来的攀登者们一个道理：登山是项很危险的运动，有可能会为此付出自己的生命！

在中午12点的时候，我艰难地抵达了C4营地，来到营地后，被眼前的一幕惊呆了：地面上很多垃圾！

问了后才知道，头天晚上大风把这里所有的帐篷都吹翻了，帐篷里的食物和各种垃圾都被吹散了出来。

攀登者们在巨大的雪山面前显得非常渺小

散落在C4营地的垃圾

散落在C4营地的垃圾

今天的风依然呼呼地吹着，向远处望去，空中黑压压的云雾移动得很快，地上冰面上的光影也跟着不断地移动着，变幻莫测。这里仿佛像外星一般，令人不寒而栗！

帐篷搭建好后，我一头钻进了帐篷里，再也不愿意出来。现在海拔将近8000米了，一举一动都很艰难。氧气面罩已经带了两天了，长时间紧紧地缚在脸上，我的耳朵和脸部都非常疼痛，实在无法忍受了，索性把氧气面罩摘掉，不使用氧气了。

在这个高度，我不使用氧气，头依然不会痛，但是却显得异常疲惫。

期间，我和队友Lucy、皇英拍摄了几个小视频作为此位置的攀登记录。哈哈哈，我们真是在苦中作乐。

在这个海拔，人基本上没有任何胃口，几乎吃不下任何东西，但是登山却需要能量，我必须要吃一些东西。

我强迫自己吃了两块巧克力，一壶麦片冲的热饮，又吃了几颗糖果，以补充我需要的能量。

因为晚上7点钟要开始冲顶了，我吃了点东西后，就开始睡觉，期间基本没有使用氧气，但是睡得却很好。当然这也非常危险，不使用氧气睡觉，很有可能在睡梦中永远无法醒来。

我感觉到这一下午非常漫长，我睡了好几觉，依然没有到出发的时间。这是好事情，因为这说明我睡得很好。

睡得好，明天的冲顶就不会打瞌睡，我知道这次我肯定能登顶了！

第51天，登顶

经过漫长的休息后，晚上7点钟，我从帐篷里爬出来，开始冲顶。

出发前，我跟纳旺说："纳旺，我们必须要登顶，我可以多给你些小费。"纳旺说："好的！"

我这么跟他说，一是表明我登顶的决心，二是想让他更有动力。

我们准备好以后，两个人就开始出发了，并没有和其他人一起，这和之前几天攀登出发时是截然不同的。细细想来，这也是合理的：最后一天准备冲顶的时候，有些人可能会出现体能问题或者其他各种身体问题，以至于行走缓慢，甚至放弃攀登，这样会影响其他人，所以大家并不能一同前行。

刚开始是一段缓坡，地面上都是亮冰，穿着冰爪走在上面，并不是很艰难。

没走多远，就开始堵上了，这个时间点，整个队伍上百人排成一条长龙堵在那里，动弹不得。我和纳旺比较焦急，纳旺不断地回头看着我背后的氧气瓶，检查氧气瓶的运转情况。

刚才我们出发的时候，氧气的流速应该是比较大的，具体是多大，我并不知道，因为氧气瓶显示流速的部位在我的身后，我不方便看。但是现在，我们必须要把流速调低了，因为堵在这里，不能前行，但是氧气却一直在浪费着。

我和纳旺不停地朝着前方看着，我想着是否前方出现了什么情况，为什么会堵着呢?

我们走一步，停几分钟，就这样缓慢地前行着。我们无法超过去，因为前面的人太多了，每超一个人，都需要把安全锁解开，绕过前面的人，再把安全锁扣在路绳上，这非常危险，可能一不小心就会滑到旁边的凹地里。

前面很多人超过去了，到最后，我们便走到了队伍的前列。这时我才发现，前面并没有发生什么事故，只是最前面的一个人走得太慢了而已。

我们迅速地超过了他，继续前行。

攀过了一片岩石坡，在抵达台阶前，我们又堵上了。这时，我看到在纳旺前面有一个登山者，从体型上看应该是个女登山者。

堵着的时候，她一直在做着不合理的动作：她站在那里，双脚轮着用脚尖踢地，并且一直在说话。

我今天下午睡得特别好，所以现在非常清醒，尽管现在海拔已经超过了8000米，但我的思维依然非常清晰。

之所以说她的动作很不合理，是因为她的动作的背后透露着两个信息：双脚轮流脚尖踢地，这种动作，往往是在冬天，人们觉得比较冷的时候，为了保持温暖，常常会做的动作。

如果她现在觉得冷，那就麻烦大了。因为现在海拔才刚超过8000米，还要继续上升800多米呢，现在就觉得冷的话，后面怎么办？接下来一定会出大事情。

如果不是觉得冷，那么只有另外一种情况了：她的精神状态出现恍惚了！她并不知道自己现在正在做着什么！从她不停地说话也能看出这一点，在高海拔，要少说点话，因为说话会消耗很多体能。她居然没有这样的意识?!

综合判断，我更相信她精神出现恍惚了！希望她接下来一切都好吧！

在阳台处，开始下起了中雪

到了阳台（Balcony），我们换了氧气瓶，继续前行。这些氧气瓶都是夏尔巴们提前运送到这里的。

天空开始飘起了中雪，头灯照亮的前方，光亮一片，人头攒动，在凛冽的寒风里，雪花乱舞。看着这些景象，我心中顿时生出一丝悲壮。在海拔8600多米的地方，有这么一群人，在极端不利的环境下，却不畏生死，勇往直前地朝着顶峰进发，这是什么样的精神？这是真正的不畏艰险、勇攀高峰的精神啊！

上了一段高坡之后，又抵达了一片比较陡峭的岩石坡，这里攀爬起来异常艰难。

出发后我戴了两个手套，里面是抓绒手套，外面是防水手套，但是现在，我觉得有点冻手了，我必须要换上羽绒手套。换上羽绒手套后，顿时暖和了起来，但是它太大、太厚了，我的手根本不能攥起来，握不稳上升器。

这种状态下，我心里顿时生出一丝恐惧：没法握住上升器，接下来的攀登可怎么办啊？会不会因为没有握住上升器而发生滑坠事故呢？我还能不能登顶？我真的不敢多想。

但是没有其他办法，我只能这样勉强地使用上升器继续前进。

在艰难的岩石坡中攀登

攀了岩石坡，我们来到了一片有着30多度坡度的亮冰坡，虽然我的氧气流速已经开到了最大，但我觉得依然无法呼吸。身体非常疲乏，努力朝前走几步，就需要停下来休息一会儿。这里异常安静，安静得可怕，仿佛是另外一个世界。

最后冲刺了一下，终于抵达了南峰顶。绕过了几个小圈，垂直下降到了一个平台，前面十分开阔，一座山峰头矗立在眼前，那就是著名的希拉里台阶！

此时天色已经朦胧渐亮，一簇簇灯光下，有些登山者们正在攀登着希拉里台阶。

凌晨攀登至希拉里台阶

我等待着纳旺，准备换好登顶前的最后一瓶氧气。星空闪烁，看上去天空离我非常近！我拿出手机拍了几张照片，又录了几个视频，记录下这珍贵的一刻！

待我们换好氧气瓶后，天色已经亮了起来。

这时，已经有很多人抵达了希拉里台阶下。从南峰顶通往希拉里台阶的路非常狭窄，面向希拉里台阶，右手边是光滑的冰壁，左手下方就是深不见底的万丈深渊，非常危险。

在这条狭窄的路上，没有走几步，就堵上了。这里发生了珠峰攀登史上最拥堵的情况，有队员们登顶后下撤，有队员们准备朝上攀登，都堵在了这条狭窄的通道上，动弹不得。

现在发生的拥堵和之前出发后的拥堵，是不一样的。之前出发后的拥堵是由于最前面的人走得慢而导致的，而现在的拥堵完全是由于通道太狭窄而导致的。

时间在一点点地流逝着，太阳已经从东方慢慢地升了起来。朝霞洒在周边苍茫的山峰上，一片金黄色，由于对面某座山峰遮住了日光，在左边群峰之上，还形成了8000米山峰上经常出现的一种现象——金字塔形状影子。前年我在攀登世界第八高峰马纳斯鲁峰的时候，也在顶峰看到过映在其他山峰之上的金字塔形状的影子。

我想拿出手机，记录下这珍贵、美丽的一刻，但是太难了，无法实现。

狭窄的通道上，我的脚甚至不能面向希拉里台阶并立而站，只能身体面向右手边的冰壁，紧贴着冰壁而站，如果拍照片，尤其是录像，我甚至无法直接面向要拍摄的画面，只能侧背着身体，很困难地用手机在背后拍摄一周。而且，拍摄时，我还要把厚厚的羽绒手套摘下来，用嘴咬着手套以防脱落，在极度的寒冷中裸露着双手去拍摄，非常危险。

我想拍摄更多的片子作为纪念，但是，一边攀登一边拍摄是非常危险的。任何一个小的失误，可能都会给身体带来很大的伤害，甚至失去生命。

堵了四十多分钟后，之前登顶下撤的登山者们决定要冒险从我们的身边通过，没有其他办法，他们现在必须要下撤了，在这里，时间就是生命。

我紧紧地贴着冰壁，以便给他们留出更多的空间，他们用安全扣先挂在远离他们一侧的路绳上，然后再解开离他们近的安全扣，每走一步，都在重复着相同的动作。这样做是为了安全，要保证每时每刻都有一个安全扣扣在路绳上。

本来就很狭窄的通道，一个人站立都很艰难，现在却要通过两个人，困难可想而知。确保安全扣被安全地扣上之后，他们的身体需要绕过我们，才能通过。绕过时，需要花一些时间提前看好位置，他们双脚才能挪动，有时候双脚都无法完全站立在通道上。而身体则是完全放出去的，在悬崖上方，靠着安全扣固定在绳子上的支撑，一瞬间把身体移动过来。

就这样，他们重复着这样的动作，艰难地下撤。大概过了半个小时后，最前一批登顶的登山者们终于从我们的身边下撤了。

终于没有那么拥挤了。这时候我拿出手机拍摄了几张照片，同时也拍摄了一段视频，记录当时珍贵的瞬间。视频里，很多人正在拥挤地排着队站立在那里，一直通向希拉里台阶的顶端。

谁能想到，在海拔将近8800米的位置，却能拥堵成这样呢？

现在的情况好多了，毕竟没有人再从上面下撤了，大家只是排着队等着攀登希拉里台阶。再经过20多分钟的等待，我们终于来到了希拉里台阶的底部。仅花了15分钟左右，纳旺便带着我很快到达了希拉里台阶的顶部。

前方还有一段缓坡，过了这段缓坡，我们就要登顶了。看着顶峰就在眼前，心里难免有些小兴奋。

这一段缓坡，已经完全不拥挤了，走起来很快。从希拉里台阶顶部通往顶峰的路，像一个勺子，勺柄就是这一段缓坡路，两侧都是悬崖，而前方的顶峰就是勺斗，上面大概有40平方米那么大，可以同时站立很多人。

经过最后20多分钟的攀爬，我终于登顶了！我于尼泊尔时间5月22日

在希拉里台阶大拥堵的场面

凌晨7点26分登顶了世界第一高峰珠穆朗玛峰！

在那一瞬间，我激动得快流下了眼泪，眼泪在眼睛里打了几个转后，并没有掉下来，我是个男人，男儿有泪不轻弹，即使在世界之巅。

像攀登期间的其他日子一样，在顶峰我仍然在录制着视频，甚至在解说着。我的声音哽咽了，我不停地说到："我登顶了，我登顶了，我登顶了……"那一瞬间，我所有的压力都释放了！

尽管站在世界之巅，周边无数座苍茫、高耸的山峰在自己的脚下，但在它们面前，我瞬间觉得人类好渺小；同时，我也感受到了人类的伟大，正是经历了漫长的50多天的攀登，我们没有放弃，我们今天才站在了世界之巅。

在顶峰为国家祈福

人类这种为了梦想不断追求、永不放弃的精神，值得我们为自己而骄傲。

这时我记起来，在攀登珠峰之前，今日头条里相互关注的一位台湾青年作家跟我说，让我登顶珠峰后帮她喊一句：祖国母亲，我爱你！

我做到了！

顶峰风很大，我摘掉了氧气面罩，很快全身就麻木了。经历了一夜漫长的攀登，我非常疲倦，我边录视频，边声音嘶哑地喊了一句：祖国母亲，我爱你！

我帮你实现了，我帮你实现了！在这里我祝愿强大的祖国繁荣昌盛、国泰民安！

在顶峰展开向安徽省人民问好的横幅

紧接着我又展开了几张横幅，拍照留念后，和纳旺决定立即开始下撤。

我们走了一会儿便抵达了希拉里台阶的顶部，在这里又堵上了。站着等待时，我拿出手机拍摄，记录了当时一些珍贵的镜头。

我看到我的几位队友精神恍惚，从我的身边迎面走过，有的队友，我喊了他好几次，他才听到我喊他，回头和我打声招呼。

他们太累了！我鼓励他们说："前方就是顶峰了，加油！"

堵在这里的时候，异常焦急。现在和之前攀登时候的心态已经不一样了，之前只想着登顶，但是现在已经登顶了，心里便想着要赶紧下撤。在山上多待一会儿，都非常危险。天上已经飘起了雪花，更加加剧了我焦急的心情。

堵了一个多小时后，我们终于可以勉强下希拉里台阶了。但下撤、上升的人依然非常多，当我们抵达希拉里台阶的中部时，又堵上了。

在希拉里台阶顶部拍摄的周边山峰

在希拉里台阶顶部拍摄的希拉里台阶的拥堵情况

这里异常危险!

从下面上行的人很多，我们不能堵在路上，只能移到旁边的一处光滑的冰壁处。这处冰壁大概有20平方米，坡度有20多度，上面挤满了人。纳旺给我找了一处位置，让我站在那里，他在我的前面。因为有坡度的原因，我面向下坡站了一会，就觉得很不舒服了，我尝试着蹲下来，但是冰爪抓得不是很稳，向下发生了滑动，我的冰爪差点划到了别人。

纳旺稳住了我之后，我调整了一下位置，终于能稳定地蹲在那里了，但仅蹲了一会儿，我的腿就麻木了。这种高海拔麻木的感觉是我从来没有感觉过的，非常难受。没有办法，我只能小心翼翼地站起来缓和一下，好了一点后，为了安全，又要继续蹲下，窝在这狭小的空间里。

这时我心里真的觉得我们登山者非常愚蠢！为什么会堵在这里？为什么会堵在这里呢？其实有很简单的方式可以处理目前拥堵的问题啊，只要有人站出来说句话，让上行的人先上，或者下撤的人先撤，另一方则在旁边等着，拥堵的问题便解决了。

但是没有人站出来，傻傻地窝在这里等着。眼看就要变天了，如果下起大雪、刮起大风，我们大家都要完蛋了。甚至发生轻微的地震，我们大家也在劫难逃了。

我跟纳旺说，我们不能在这里等，非常危险，但是纳旺也没有什么办法，只能被动地等待着。

等了漫长的40多分钟后，我们终于能下撤了。我的心情总算放松了很多，很快我们就抵达到了南峰顶的位置。

在这里，我又看到了今天凌晨的那位女登山者，这时候她精神已经非常恍惚了，大声地说着胡话：“我要抽烟，我要抽烟。”

我从她的身边经过时，看了她一眼，不敢停留，继续向下撤。我中间休息了一会儿，后来她慢慢地赶上了我，消失在我的前面。

在海拔8700米的位置，我又看到了她。

她已经失去了理智，就坐在路绳的一处保护节点处，这是很危险的。因为每位攀登者都会在这里换安全扣，有可能会不小心踩到她，而她却浑然不知，手还不停地在雪面上移动，我看到有一名登山者的冰爪差点踩在她的手上。

我和向导继续向下面走去，大概离她有100米距离的时候，我听到前面的一位小哥大喊了一声“哇”，同时他的视野注视着我的背后，我瞬间

垂死挣扎的印度女队员

一位筋疲力尽的攀登者登顶后坐着下

就意识到我背后有事情发生，我快速转过头，看到一团巨大的黑影滚了下来（我以为是一块大石头），我下意识地一跳，这团黑影从我的脚下划过，当我回过头时，就被绳子的张力给拽倒了（因为我和她的安全扣都扣在同一条路绳上，下面的保护点阻挡了她继续滑坠，但绳子却被她一下拉得很紧，巨大的张力一下子把我也带倒了）。倒地后我才看到那不是石头，原来是一个人，就是我之前见到的那位外国女登山者！我的连体羽绒服被她的冰爪划破了几个大洞，里面的羽绒顿时飞了出来。

简单地确认自己没有受伤之后，我爬了起来。我看到她像僵尸一样，肢体笨拙地在空中和冰面上划着，看到这一幕，我的眼泪差点掉了下来，赶紧喊她的两个向导："你们赶紧下来救她，如果她需要救援的话，你们一定要救她啊！"

她的两个向导站在上面100多米的地方，呆若木鸡。也许是冷淡，也许是被眼前的一幕给吓着了，也许是还没有反应过来。我和我的向导喊了他们几次后，他们终于下来帮助她了。

我很难受，但在这个高海拔位置不能多待一刻，我需要尽快返回C4营地，因为我的氧气快用完了，我只能默默地祈祷她能挺过这一关。

因为下撤时体能不足或者氧气不足等，很多事故都是发生在下撤的途中。除了这位处于危险状态中的女士之外，下撤途中我还看到有的登山者由于体能不足，只能坐在雪地里，一步步滑下去。

经过一夜漫长的攀登、冲顶，现在大家的体能都已经不足了！虽然接下来的路段很容易行走，但我依然觉得非常劳累。

我走一段路，歇息一会儿，就这样反复着，最终在上午11点半的时候成功返回了C4营地。

到了营地，就非常安全了，无论刮风下雪，我们可以安全地待在帐篷里。

我赶紧钻到帐篷里休息，队友皇英是全队第一个登顶的，我打开帐篷，她已经在里面休息了。两个小时后，队友Lucy也回来了。我们互相祝贺登顶，安全下撤到了C4营地，非常开心。

下午的时候，我们在帐篷里聊着天，吃着东西，录制着视频，大家疲倦的脸庞下依然流露出胜利的喜悦。

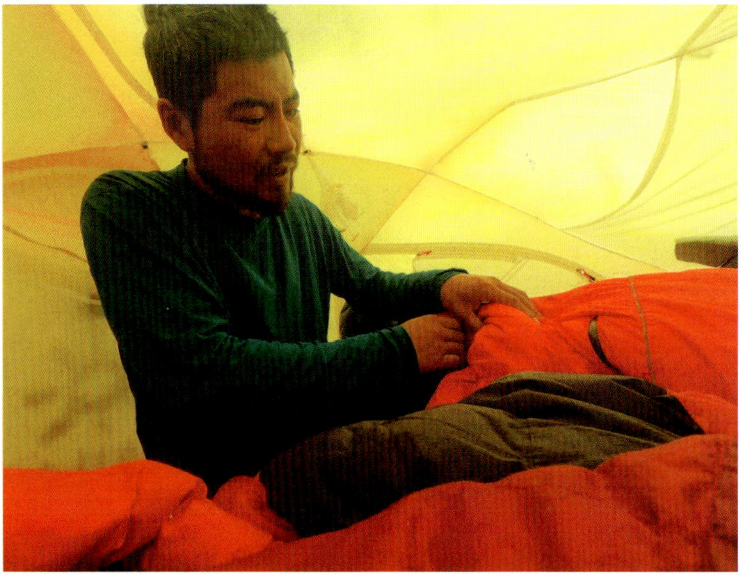

在C4营地（海拔近8000米）帐篷内缝补连体羽绒服

我脱下连体羽绒服，向队友要了些肌肉贴，把肌肉贴贴在那些被那位印度女登山者的冰爪划破的衣洞上。想到那位印度女登山者，我内心又泛

“绝命海拔”的恶劣天气

起了一阵心酸，眼睛湿润起来。

希望她能挺过这次难关！

晚上的时候，忽然听到外面有人喊：“有队友在台阶处下不来了，需要紧急救援。”

于是包括纳旺在内的几位夏尔巴又重新返回到了台阶去紧急救援，经过一夜的努力，最终队友被成功救至C4营地。

希望我们一切顺利！

第52天，下撤到C2营地

夏尔巴们忙了一早上，收拾各种东西、拆帐篷等，今天准备全队从C4营地下撤到C2营地，东西很多，每个夏尔巴需要负重45千克至50千克，就这样，夏尔巴们在头天夜里基本上一夜没睡的情况下，背负45千克至50千克的东西，准备下撤到C2营地。

尽管夏尔巴们体能都很好，但是这种高强度的体能消耗也使他们痛苦不堪。途中我看到别的队伍的一位夏尔巴下撤时非常痛苦，他基本上每走一步都要站着休息一会儿，甚至直接坐在雪地上休息，不愿意再起来。

这是非常危险的！如果他真的不愿意再起来，也许他就永远再也起不来了。纳旺不断地大

夏尔巴们背负物资准备下撤

C4营地

C3营地与C2营地的途中

声鼓励着他站起来！每次听到纳旺的鼓励后，他就会站起来，继续走一会儿！

我知道他已经筋疲力尽了！他在不断地与死神斗争着！尽管是夏尔巴们，攀登雪山对他们来说依然非常危险。前几天，就有一位夏尔巴在C3营地出现了高山病，不幸去世了！

尽管休息了一晚，下撤依然非常艰难，途中那片垂直岩壁让我吃尽了苦头，使我筋疲力尽。尽管后面有人不停地催促着我，我还是不慌不忙地下撤着，每走一步都检查一下安全扣有没有扣好。我心里想，我已经登顶了，只要安全下撤到大本营就行了，期间不能出任何问题。

在从C4营地返回C3营地的下撤途中，为了节省体力，我使用了下降器。但是在使用下降器的时候，需要边下降边回头看背后的路线情况，如果有冰裂缝或者坡面的高低不同，要特别注意，需要绕行或者正面跨过去。

有那么一会儿，我只顾下滑，没有回头看背后的路况，就掉进了一个冰裂缝里，幸好我系着安全带和安全锁，并不会真的掉进深不见底的冰窟窿里面去。

但是当我踩空的一瞬间，左腿踩入冰裂缝面前冰壁上的一个小冰洞，反应过来的时候，已经没过了膝盖，到了大腿处。冰洞口的大小刚好比腿的一周大一点，因为大腿被这个冰洞卡着，瞬间踏空，全身的重力和冲力都承担在我的左大腿上，伴随着身体的缓冲弯曲，很有可能会发生大腿折断的情况。但非常幸运的是，下降器撑紧了绳子，拉住了我的身体，我被悬在那里，身体没有继续弯曲，大腿也就安全了。

返回至C2营地

我定了定神，慢慢地爬了上来。上来后，继续赶路。向导问我有没有事？我说没事。危险发生得太快了，他和旁边的队友们都还没反应过来。

但是这件事也给我自己提了个醒，以后一定要时时刻刻保持警惕，不能掉以轻心，更重要的是，安全带、安全锁要一直使用，这是最重要的保障。就像这次遇到的情况，如果没有使用安全带和安全锁的话，我可能已经掉进冰裂缝里去了，即使没有掉进冰裂缝，至少大腿也要折断了。

经过10个小时的艰难下撤，我们终于从C4营地下撤到了C2营地。

回到C2营地，我看到我的尼泊尔队友毗湿奴精神恍惚地坐在那里，有气无力地说着他前天冲顶的危险经历。关于他的危险经历，后面会有详述。

傍晚的时候，又传来有队员因为体能不足下不来的消息，刚抵达C2营地没多久的几位夏尔巴们只得返回到C2营地与C3营地之间去营救他们。后面过了洛子壁后，夏尔巴们轮流背着被救队员，最终他们一起回到了C2营地。

在聊天中，有向导告诉我，昨天碰到的那位印度女登山者已经遇难了！听到这个消息后，我的眼眶不禁湿润了起来！

我至今都不知道她叫什么名字，有什么样的故事，但她追求梦想的精神会永远鼓励着我！愿她在天堂安息！

攀登太艰难了，有些人无功而返，有些人伤痕累累，有些人命丧珠峰。像我们这样能安全下来的人，都是幸运儿！

第53天，下撤到大本营

今天大家都非常兴奋，凌晨五点就起床了，准备返回大本营。有些队员等不及了，直接从C2营地坐直升机返回了大本营。

乘坐直升机要快很多，五分钟内就能从C2营地飞至大本营，但是价格昂贵，要5万元人民币左右。

如果靠双脚下撤到大本营，在冰川里穿梭，则需要5~6个小时，既漫长，又非常危险，每一次行走在昆布冰川里，都是在拼运气，一旦发生雪崩，就完蛋了。

虽然乘坐直升机避免了行走在昆布冰川里的危险，但也不是非常安全的。乘坐直升机有坠机的危险，这样的事故也是屡见不鲜。

队友毗湿奴昨天晚上痛苦地呻吟了一夜，今天早晨起来后的状态依然是精神恍惚。他一个人晃来晃去地走在我们的后面。

我很担心他的安全，下撤的路上有很多冰裂缝，一不小心就会掉下去。我赶紧跟纳旺说：“你必须现在给队里打电话，找人帮助毗湿奴，他这样的状态非常危险。”很快队里给他安排了一位向导来帮助他。

登山是一项非常严谨的运动，各种细节都影响着最终的成败。登山期间，能保持头脑清醒是件非常难的事情，有时候即使是登山公司和向导们也会犯错。

到今天为止，我整个人的状态都是非常好的，头脑非常清醒，在一些事情的细节上，我一直能注意得到，并且能给出一些建议。一切都非常幸运！

距离上次出发冲顶才七天，昆布冰川里的攀登路线已经发生了很大的变化，有的地方被坍塌的冰壁挡住了去路，有的路旁多了些潺潺的溪流。冰雪融化的速度真的是太快了！

返回至大本营

环境保护刻不容缓，但是我们人类又该怎么做呢？这是值得我们每个人都思考的问题。

下午一点钟左右，我返回了大本营。这里的一切都是那么的熟悉！

返回至大本营

我来到玛尼堆前，把背包放下来，感谢山神的眷顾与护佑！

接着我把所有需要晾晒的衣服拿出来放在帐篷外，明天我们就要返回加德满都了，这些装备都要提前收拾好。我安静地躺在帐篷里，阳光洒在我的身上，非常舒适、温暖，过去一周攀登的疲惫在这一刻都释放了。

我们队除了一名尼泊尔队员外，其他队员全部登顶，我们的努力得到了回报。其实我的压力比较大，今天我才敢说出来我是这次攀登队伍的中方攀登队长。虽然我除了注册队伍信息、与队伍的尼泊尔国际队长翻译对接、鼓励一些队员外，其他方面也没有做什么，但如果我没有登顶的话，那么就很难堪了，哈哈哈。

晚上的时候，我们全队在大本营开了个Party，厨师们做了两个蛋糕，一个是庆祝我们登顶珠峰的蛋糕，一个是庆祝强子登顶洛子峰的蛋糕。大家喝着啤酒，吃着蛋糕，在手机音乐的伴奏下，围着桌子开心地跳起舞来。

在海拔5400米的大本营，我们的营地里欢声笑语，这是珠峰攀登经过千难万险最后胜利的凯歌。

然而，有的队伍却沉浸在悲痛的氛围之下，他们有队员遇难了！

或开心，或悲痛，没有人能同时处在这两种状态中，这就是最真实的攀登。

大家在一起庆祝攀登成功

庆祝攀登成功的蛋糕

第54天，返回加德满都

今天要从大本营返回加德满都了，大家都非常开心。

我们从大本营返回到加德满都前，一位厨师看到我，跟我说："Henry，请不要忘记我！我叫巴桑！"这句话深深地触动了我，我很感动。

我知道很多人登顶珠峰后可能立即就飞走了，没有和这些厨师一一道别，很多人用不了多久就会忘记他们，忘记这些在登山期间给他们提供服务的人，比如厨师、向导、医生、背夫等。但是我们曾经一起战斗过！我很看重缘分，大家能够相遇就是缘分，在珠峰攀登期间的这份珍贵的情谊永远值得记住！

我跟他说："我会永远记住你，谢谢！"他告诉我他今年在这里是第一年工作，现在正在努力训练，想成为一名高山向导。我被他为了自己的梦想而努力奋斗的精神所感动。加油，巴桑！

至此，经历了漫长的54天的攀登后，2019年我的珠峰南坡攀登活动就结束了！此时此刻，我想说："谢谢珠峰母亲的接纳，让我悄悄地爬上了她的肩头。"

途中在卢卡拉与世界珠峰登顶次数最多纪录保持者卡米力塔夏尔巴（中间者，一共登顶24次）合影

返回至加德满都机场

途中在卢卡拉与7个月14座8000米山峰攀登世界最快纪录创造者尼尔玛普贾合影

攀登之后

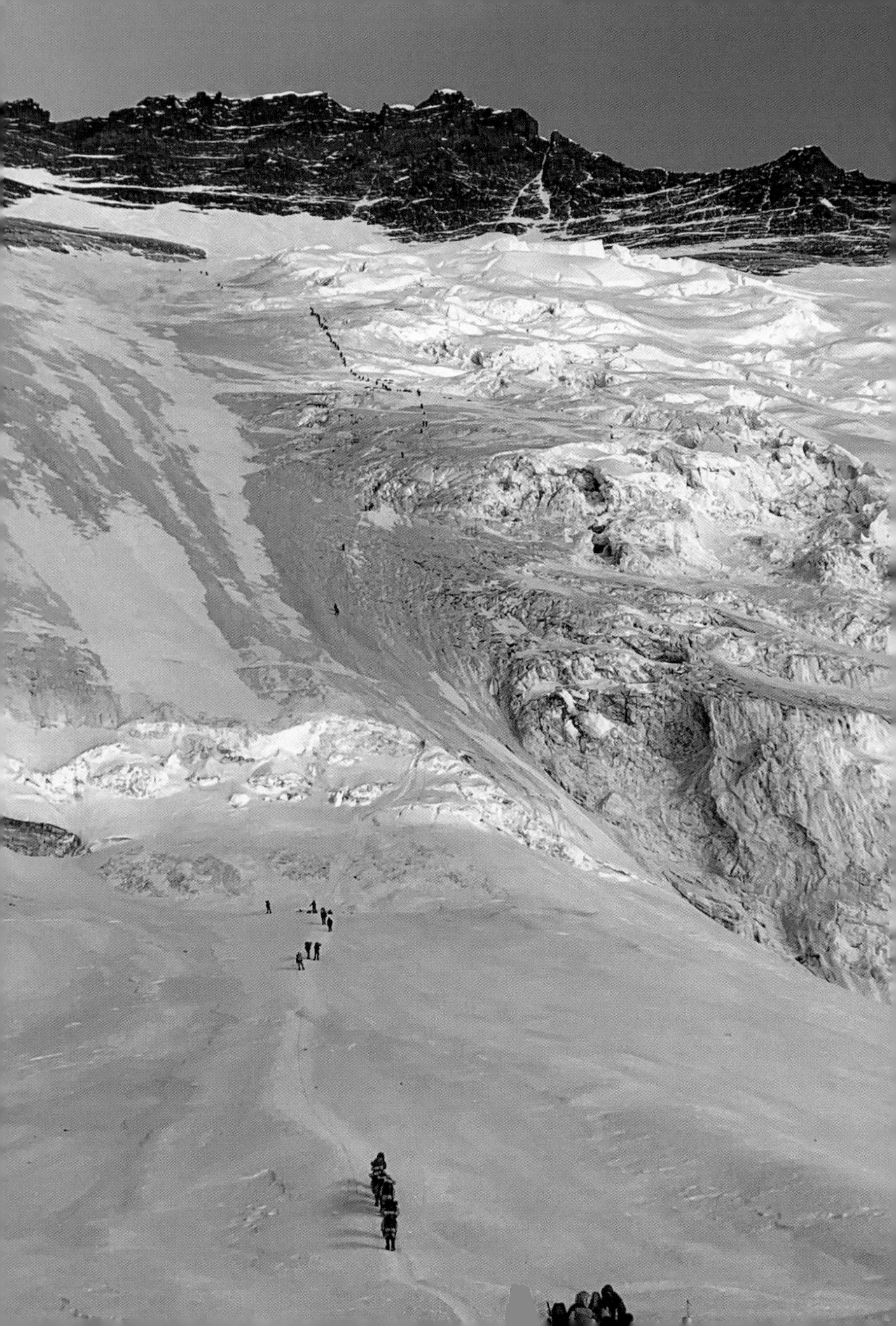

攀登活动后续事宜对接及新闻媒体采访

下山之后，我在加德满都待了几天，忙着配合各家媒体对我的采访，我攀登期间拍摄的视频与照片，尤其是发生在攀登中的拥堵事件瞬间吸引了全国各大媒体的关注，点燃了各个平台的“珠峰热”，越来越多的人开始聊起了珠峰！

队员们与“喜马拉雅攀登”数据采集志愿者合影

期间，我去了趟尼泊尔旅游部，和他们对接队伍攀登完成的后续事宜，同时也领回了珠峰登顶证书。

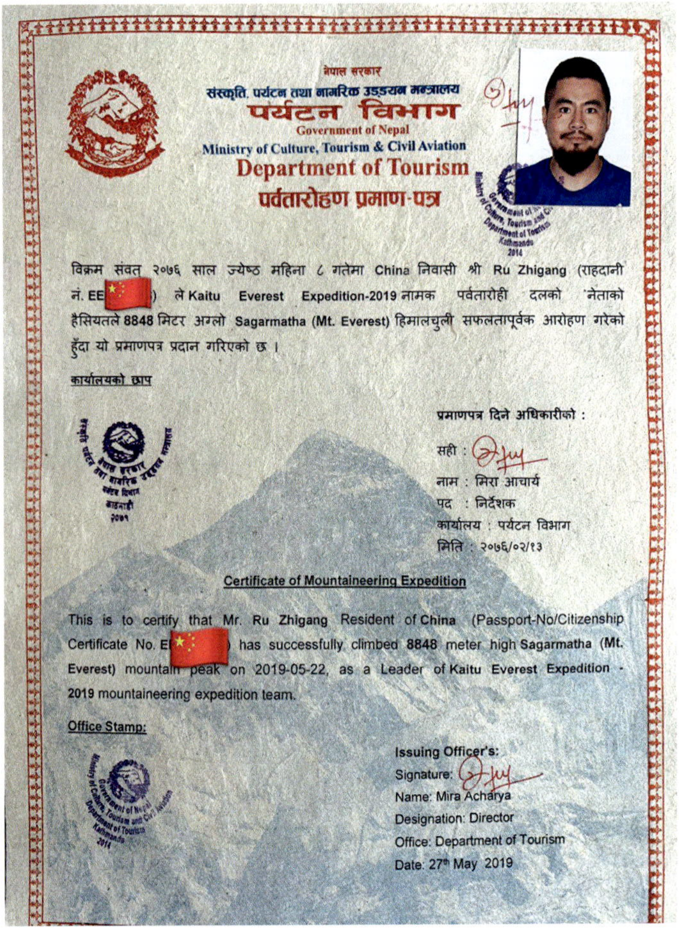
नेपाल सरकार

संस्कृति, पर्यटन तथा नागरिक उड्डयन मन्त्रालय

पर्यटन विभाग

Government of Nepal

Ministry of Culture, Tourism & Civil Aviation

Department of Tourism

पर्वतारोहण प्रमाण-पत्र

विक्रम संवत् २०७६ साल ज्येष्ठ महिना ८ गतेमा China निवासी श्री Ru Zhigang (राहदानी नं. EE[redacted]) ले Kaitu Everest Expedition-2019 नामक पर्वतारोही दलको नेताको हैसियतले 8848 मिटर अग्लो Sagarmatha (Mt. Everest) हिमालचुली सफलतापूर्वक आरोहण गरेको हुँदा यो प्रमाणपत्र प्रदान गरिएको छ ।

कार्यालयको छाप

प्रमाणपत्र दिने अधिकारीको :

सही :

नाम : मिरा आचार्य

पद : निर्देशक

कार्यालय : पर्यटन विभाग

मिति : २०७६/०२/१३

Certificate of Mountaineering Expedition

This is to certify that Mr. Ru Zhigang Resident of China (Passport-No/Citizenship Certificate No. E[redacted]) has successfully climbed 8848 meter high Sagarmatha (Mt. Everest) mountain peak on 2019-05-22, as a Leader of Kaitu Everest Expedition - 2019 mountaineering expedition team.

Office Stamp:

Issuing Officer's:

Signature:

Name: Mira Acharya

Designation: Director

Office: Department of Tourism

Date: 27th May 2019

珠峰登顶证书（护照号已经隐掉）

一套珍贵、完整的珠峰攀登视频

去年年底的时候，我就雇用了一个随身摄影师，拍摄我训练的场景，在今年攀登珠峰期间，从第一天从合肥出发抵达加德满都酒店，到最后一天返回合肥，包含攀登的所有阶段：队伍集合、攀登注册、攀登信息采集、补缺装备、徒步至大本营、拉练、休整、冲顶等，我每天都在坚持拍摄视频，一共拍摄了200多个视频。同时这套视频内容涉及面非常广，包括登山训练、登山理解、攀登过程、饮食、住宿、网络、环保、地理知识等。

这套视频可以说是异常的珍贵，它是全国第一份关于攀登珠峰过程全面、详细的介绍。

在攀登期间，我每天都在大本营更新视频，所有在自媒体平台如抖音、今日头条和微博里分享的视频都是热门。

其中有三个关于希拉里台阶拥堵场面的视频，在抖音里分别被播放了1000多万次，同时在全网被大量媒体转载，一时间很多人都认识了我“大

胡子Henry”。

攀登结束后，在加德满都期间，我每天要通过微信或者电话接受2到3家国内媒体的采访，在回到国内后，短短的一个月内，我接受了包括中央电视台、中国青年报、人民网、南方周末、澎拜新闻、腾讯网、梨视频等多达25家媒体的采访。

更让我感到高兴的是，很多朋友都给我发来了私信，向我表示祝福。

其中有国家科学院研究地质的科学家跟我说：“我非常喜欢你拍的这些视频，它们非常珍贵，能够帮助我们更好地了解珠峰的地貌情况。”

也有大学教授向我了解尼泊尔珠峰周边民族村落分布的一些情况，因为在他出发前往尼泊尔做科研之前，希望更多地了解这方面信息。

一路前行的朋友

现在越来越多的人认识了我，他们中的一些人还提供费用支持我接下来的旅行探险活动。这些朋友都是从线上自媒体转到线下微信里来的。所有参与我活动的粉丝朋友们如今就像我的家人一样，每天都在群里非常积极地互动。

我没有团队，自己需要做很多事情，他们就帮我做视频、帮忙点赞、评论、转发我的视频。

另外，他们还无微不至地关心我的生活，比如给我买衣服、药品、水果、生活用品等。

我们在一起很开心，我们也会走得很远，以后我们会一起做很多对国家和社会有意义的事情，比如说宣传中国文明与文化、帮助一些需要资助的家庭或者孩子们等。

我很爱他们！

登顶珠峰对我生活的影响

珠峰攀登对我的影响是很大的！

因为在珠峰攀登时，我拍了一套非常珍贵的视频，这些视频和图片被国内各大媒体采用，也因为我个人以往多年的旅行、探险经历的背景，包括中央电视台、中国青年报、人民网、南方周末、新京报、澎湃新闻、腾讯网等在内的国内25家媒体对我进行了采访报道。很多视频在各大媒体平台均是热门，越来越多的人开始认识我。

我的自媒体平台的粉丝数从攀登前的20多万一直增长到86万。

我身边不断聚集着很多喜欢我的朋友，我们一路前行，共同进步。

很多商业公司开始找我合作、赞助我接下来的活动。

我以前所做的一切都开始爆发了，很多人喜欢我丰富的历史文化知识，很多人喜欢我的探险精神，很多人喜欢我敢做敢拼的性格。我在自媒体平台进行直播时，曾经创下单场直播有9000多听众在看直播的成绩。

小有名气后，我的心却是很平静的，我明白自己依然有很长的路要走，继续旅行探险，只有这样才能不辜负大家对我的厚爱！

未来之路

首先，我会继续完成我的世界环旅，我已经走了全世界73个国家了，计划到2020年年底走完世界上具有深厚历史文化底蕴的国家，完成世界环旅。

接下来的主要旅行探险包括：

2019年10月中旬的罗布泊探险；

2019年11月的欧洲旅行；

2019年12月的北美、南美旅行、南美最高峰阿空加瓜峰的攀登；

2020年1月的南极最高峰文森峰的攀登，以及最后1纬度100千米的徒步至南极点活动；

2020年4月的珠峰北坡攀登；

2020年7月的世界第二高峰K2攀登。

其次，我会继续把个人的自媒体平台做得更加专业，目前已经有210多万粉丝了，希望更上一层楼。

我想改变国内的两种现状：①探险拉赞助难；② 一般的网红对社会的意义不大。

以下是我的抖音账号和快手账号，有兴趣的读者可以关注我。

我希望利用我的一点影响力，去帮助那些需要赞助的探险者，让拉赞助不再困难。

我希望利用我的一点影响力，去帮助那些需要帮助的家庭或者孩子们，希望大家明白一般人也能做一些力所能及的对社会有意义的事情。

最后，我计划打造我国第一家以宣传中国文明和文化、中国探险精神的青年旅舍，与教育部门合作，争取把它做成一家爱国主义教育参观基地，让更多的孩子们了解我国优秀的文明与文化，培养他们的爱国主义精神与不畏艰险、勇攀高峰的探险精神；让更多的外国人了解中国的优秀文化，让他们了解中国的发展、了解中国人积极的精神面貌、了解中国人的探险精神等。

攀登精彩瞬间及大家感兴趣的问题

出发之前阴云笼罩

我在4月3日提前抵达了尼泊尔首都加德满都，抵达后，我就注意到加德满都每天都在下雨，很反常，因为4月份并不是尼泊尔的雨季。尼泊尔向导也告诉我今年的天气很不好，山上下了很多雪，让我们做好心理准备。（不过虽然天气不好，但是路上雪多的话，攀登起来倒是容易不少，比走碎石路好多了。这倒是给了我们一点点宽慰。）

全队顶着阴云就出发了，心情忐忑不安：天气不好，有没有合适的天气冲顶？我们能不能登顶？我们能不能活着下来？

途中遭遇荷兰“乌鸦嘴”

从卢卡拉徒步到天波切的路上，我们碰到一群老外，他们一路熙熙攘攘地说笑着。我们队员四人从他们身边经过时，和他们打了招呼，这时我听到其中一个男人朝我们说道：“你们四个人，只有两人能回来！”（意思是说另外两人会遇难。）

我听到后很生气，我对他说道：“Shame on you!”（你很无耻！）他的队友们当时听到他说的很无厘头的话，也尴尬地笑着，试图缓和气氛。

我们继续前行，他后来赶上了我们，向我道歉。我原谅了他，我想他可能不知道我们是去登山的。（他很可能误认为我们和他们一样是去徒步的，如果他知道我们是去登山的话，我想他不会说那句话的，因为登山的危险比徒步大得多。）

之前当这位荷兰人说我们四个人只能有两个人能回来的时候，其他队友都没有听到，只有我自己听到了。我一直瞒着他们，怕他们有压力，影响他们登山，怕这位小哥的话一语成谶！

直到最后我们四人全部安全登顶并回到加德满都，我才敢把之前发生的这件事告诉我的队友们。

在境外遇难的中国登山者

在前往珠峰大本营的路线上，我们路过了在境外登山遇难的中国遇难者的纪念碑，杨春风等的纪念碑都在那里。我们全队向他们敬礼致哀！

为了梦想！为了奋斗！这些人努力追求着自己的梦想，甚至献出了自己的生命，我非常尊重他们！

珠峰大本营徒步线路

珠峰大本营徒步线路可以说是世界上最著名的徒步线路了，全世界每年都有很多人选择这条徒步线路，对于这些徒步的人来说，他们的终点是珠峰大本营，而我们登山者抵达珠峰大本营后，会继续登山，因此对我们登山者来说，珠峰大本营可以说只是我们的起点。

但无论是徒步者还是登山者，大家都在这条珠峰大本营徒线路上走着，如果不说，我们也不知道对方是来徒步的或者是来登山的。

我们队伍抵达大本营后，有一次从大本营返回下面的小村子里去上网

（那边网速快点），走在路上，碰到了很多徒步者，其中有几个人向我道贺，恭喜我完成了珠峰大本营徒步。他们误认为我是来徒步的，现在抵达了珠峰大本营徒步终点，开始返回了呢！（当然我并没有告诉他们我是来登山的）

这件事让我很感动，他们的道贺让我瞬间意识到了：梦想可大可小，只要实现了，都值得高兴，都值得庆贺！毕竟我们认为的小梦想，可能是别人正在为之而努力奋斗想实现的呢！

奏响中华人民共和国国歌

尼泊尔当地时间5月2日早上，登山队全体登山队员与徒步队员们在尼泊尔珠峰南坡大本营奏响了中华人民共和国国歌。作为一名中国人，出门就代表着中国，无论在哪里，我们时刻都把祖国的尊严与荣誉放在心中。作为一名中国人，从内心里，我深深地感到无比的自豪！

攀登之前的遇难事件

在徒步中，就传来了有人遇难的消息：在卢卡拉，一架小飞机在机场降落时，不慎撞到了一架直升机，两名乘客遇难。

紧接着，传来了我的朋友陈哥在世界第十高峰安纳普尔纳峰遇难的消息，他去年刚刚登顶珠峰。

一位西方很有名气的登山者在世界第五高峰马卡鲁峰的C2营地的帐篷里遇难，尽管那里的海拔不是很高。

世界第三高峰干城章嘉峰，几名印度人遇难。

世界第四高峰，有爱尔兰人遇难。

有位夏尔巴向导在修路时不慎滑坠，伤得很重。

有印度人在冲顶世界第一高峰珠峰时遇难。

前期冲顶珠峰的队伍中，有几名中国队员冲顶后下不来，严重冻伤，被紧急救援。

这些负面的消息，每天都在冲击着我们每一位队员，但是我们不能想太多，只能前行！

珠峰上的攀登者遗体

在 C3 营地至 C4 营地的攀登中，我碰到了一具登山者的遗体。他是几天前遇难的，遗体就静静地躺在离攀登路绳两米多远的位置。

看到他的一瞬间，我没有恐惧，只是感动，我不知道他叫什么名字，不知道他有什么故事，但我知道他是为了追求自己的梦想而遇难的。

他让我感到人类的伟大，为了追求梦想甚至不惜失去自己生命的这种精神的伟大。我没有拍照，更没有去拍摄视频，这是我对他发自内心的尊重，同样也是对我们登山者的尊重！

站在世界之巅，有何感想?

我于尼泊尔当地时间5月22日凌晨7点26分登顶世界第一高峰珠穆朗玛峰。在那一瞬间，我激动得快流下了眼泪，眼泪在眼睛里打了几个转后，并没有掉下来，我是个男人，男儿有泪不轻弹，即使在世界之巅。我依然像寻常一样，在顶峰录制着视频，甚至在解说着。我的声音哽咽了，我喊道："我登顶了，我登顶了，我登顶了！"那一瞬间，我所有的压力都

释放了。

尽管站在世界之巅，周边无数座苍茫、高耸的山峰在自己的脚下，但在它们面前，我情不自禁地就觉得人类很渺小；同时我也感受到了人类的伟大，正是经历了漫长的五十多天的攀登，没有放弃，我们今天才站在了世界之巅。人类这种为了梦想不断追求、永不放弃的精神，值得我们为自己而骄傲。

我更明白了拥有敬畏之心的意义，有了敬畏之心，才能尊重珠峰、尊重大自然、尊重别人、尊重不同的文化。人类永远无法征服珠峰，我们只是在她脾气好的时候，轻轻地触碰了下她的额头。

顶峰问候家乡

我于5月22日从南坡登顶世界第一高峰珠穆朗玛峰，在顶峰拉开了祝福家乡人民的横幅，上面写着：汝志刚在世界之巅向安徽省、亳州市人民问好！

同时也拉开了其他几张横幅：

“Hello World，你好世界！”这张横幅上写着我要感谢的人的名字，里面有第一个预定我书的人，有在我的微信公众号里打赏我200块的人，有支持赞助我登山活动的人，有多年来一直帮助我的一些兄弟，等等。

“安徽工业大学校足球队”，在大学期间，校足球队的经历对我来说是非常重要的，在那里，我认识了很多兄弟，认识了人生当中最重要的几位老师，在那里我有了团队意识、拼搏意识，学会了不怕吃苦、坚持到底的精神。因此，今天在世界之巅，我拉开了这个横幅，想用这种特别的方式来表达我对校足球队的感谢！

Hello World，你好世界！

汝志刚在世界之巅向安徽省、亳州市人民问好！

安徽工业大学校足球队

“利辛一中2002届高三（五）班”，曾经的这个班级是最让我引以为豪的班级，班级里的每位同学在各行各业都很出色，其中有多位同学取得博士以上学位，有很多教师、军人、医生、企业家等。在这次登山之前，他们对我赞助了很多，非常感谢你们！我的同学们！

与台湾爱国同胞的故事

在攀登珠峰之前，在今日头条里相互关注的一位台湾青年作家让我登顶珠峰后，帮她喊一句：祖国母亲，我爱你！

我做到了，顶峰风很大，我摘掉了氧气面罩，很快全身就麻木了。经历了一夜漫长的攀登，我非常疲倦，我边录视频，边嘶哑地为她喊了一句：祖国母亲，我爱你！

我帮她实现了，帮她实现了！

下山后，我在今日头条里发这段视频时@了她，她看到后非常高兴地回复我：你真的帮我实现了啊！

我说：是的，必须要实现。因为这是对祖国母亲的爱！

氧气紧缺造成的连环险情

我的尼泊尔队友毗湿奴（他的父母信奉印度教，在印度教里毗湿奴是守护神，所以给他取了这个名字），我们俩关系很好，在C2营地，我们睡在一个帐篷里。登顶前的拉练中，他挺嘚瑟，每次都走在前面，看我在后面走着，他总是回过头来取笑我，让我走快点。

我知道登山最重要的是要稳住，前期不能太赶。我就慢慢地走着，任凭他取笑我。（这里的取笑是开玩笑的意思）

后来冲顶的时候，他却没劲了，精神恍惚，而且这时候他还做出了一个让他一生都会记住的决定：在海拔8500米的地方他把氧气给了一个急需救援的中国人。

很快他自己就没有氧气了，发生了肺水肿，垂死挣扎。危难时刻，他的一位好朋友，同时也是向导，把他的客户（另一位中国人）的一瓶氧气给了他，这才活了过来。

但很快他朋友的客户也处在垂死挣扎的边缘，没有办法，这个客户花了200美金向另一位登山者买了半瓶氧气。其实这位中国朋友请了两个夏尔巴，可能因为小夏尔巴第一次登珠峰，只想着自己登顶，就完全没有照顾这位中国客户。登顶也就算了，小夏尔巴下来后，居然还带走了他的一瓶氧气！这真的是很要命的一件事情！这位小夏尔巴太不负责任了，后来他们全队都严厉地批评了他，他也没有拿到登顶小费。

就这样，他们几个人都活了下来。下撤到C2营地后，毗湿奴告诉了我这一切。

令人尊敬的印度登山者

每年4月与5月的登山季，在不同的山峰，有不少印度人遇难。具体的数字我没有去统计，在遇难者中，有一些缺乏攀登经验的攀登者的确是在背后的利益驱动下过来铤而走险的（能够登顶珠峰就能成为印度的英雄，各种利益便接踵而至）。

但是据我所知，为了节省钱，有很多印度攀登者并不是配置了1∶1的向导（一位登山者配置一名向导），往往是全队十几个攀登者只雇用了一个或两个向导，因此很多攀登中的资源运输都是他们自己完成的，而不是向导帮他们完成的。这种接近自主的攀登方式和雇用向导的攀登方式差别是很大的，他们在不断地上上下下运输物资中会消耗非常大的体能，因此在他们的攀登中会有更大的风险。

他们的精神是非常值得敬佩的，但是我并不提倡他们的行为，因为没有登山向导的攀登会异常危险！

夏尔巴有多强？

夏尔巴的登山能力到底有多强？以下的内容一定会让你目瞪口呆：

5月19日早上吃完早饭，夏尔巴们每个人背着30千克的氧气，从C2营地（海拔6500米）运送至C3营地（海拔7200米），他们速度快，攀登3~4个小时即可抵达，然后下午返回C2营地休息。

5月20日凌晨4点，全队从C2营地前往C3营地，夏尔巴们陪着我们，因为我们攀登速度较慢，全程需要7个小时左右。

5月20日中午12点，我们抵达C3营地，全体队员休息，但是因为C3营地没有足够的帐篷，夏尔巴们需要再次下到C2营地去休息。因此，他们把我们安顿好之后，紧接着就下撤到了C2营地休息。

5月21日凌晨，夏尔巴短暂休息几个小时后，从C2营地再次赶至C3

营地和我们会合（大家注意，这是他们两天内第三次走C2营地到C3营地这条路线了）；到了C3营地后，凌晨3点半，全队一起出发，艰难地徒步了近9个小时，抵达C4营地（海拔8000米）。

到了C4营地后，夏尔巴们给我们烧水、简单地做点饭、检查氧气瓶内氧气容量等之后，大家就休息了。休息几个小时后，全队于晚上7点钟开始冲顶。

5月22日，大家攀登一夜，基本上都于22日中午之前登顶了世界最高峰珠穆朗玛峰，登顶后，绝大部分队员下午6点之前都返回了C4营地休息，部分队员还在路上继续下撤。正当夏尔巴们休息之际，传来了有队员在上面因为体能问题下不来的情况，于是他们上去紧急救援，成功把队员救至C4营地，但是接下来他们基本上一夜未睡。

5月23日早晨，夏尔巴们忙了一早上，收拾各种东西、拆帐篷等，今天准备全队从C4营地下撤到C2营地，东西很多，每个夏尔巴需要负重45千克至50千克，就这样，夏尔巴们头天夜里基本上一夜没睡，背负45千克至50千克的东西，行走了近10个小时，下撤到了C2营地。

刚到C2营地不久，又有队员体能不足下不来了，他们又从C2营地返回到C3营地去救队员，后面过了洛子壁后，夏尔巴们轮流背着被救队员，最终再次回到了C2营地。

通过上面的攀登过程，可见夏尔巴体能太强大了，除了上面的一些细节，还要考虑到另外一个细节：在路上攀登或者下撤的时候，往往是夏尔巴们反复弯下腰去给登山队员换安全扣，在他们背负45千克至50千克东西去做这件事时，是非常不容易的。

所有的这些劳累，他们休息一个晚上后就恢复了！

但是，需要指出的是，登山者并不是“啥也不是”，每个登山者的体能都非常好（拿我举例来说，我曾经拉练时，一周内攀登6次嵩山，每次海拔上升1500米，每次来回近18千米山路，有的时候还一天来回攀登两次！还比如说我在穿越塔克拉玛干沙漠时，每天在沙漠里行走30多千米，连续走了15天共480千米）！只是说夏尔巴们的体能更强大，可能是我们攀登者体能强度的3至4倍。

尽管他们非常强，但是没有人可以帮你攀登，更不可能抬着你上山！攀登的过程都是需要登山者自己完成的。切记，不要过分地依赖夏尔巴，否则可能会丢了自己的命！

珠峰攀登费用构成

珠峰费用主要由几大块构成：

1.珠峰攀登注册费用

约10万元人民币，这是国家收取的，里面包含几部分：手续注册费；环境保护费；从大本营到顶峰修筑道路费；等等。

2.向导雇用费用

约8万元人民币，这是探险公司收取的，探险公司收取了费用之后，会为登山者配备向导。通常是1位登山者配备1位向导，如果登山者加钱，那么探险公司可以为登山者配备更多数量的向导。

3.氧气费用

约3万元人民币，这是探险公司收取的，通常探险公司为一位登山者提供6瓶氧气。如果登山者加钱，那么探险公司可以为登山者配备更多数量的氧气。

4.直升机费用

这个费用是探险公司收取的，具体为登顶珠峰下撤至大本营后从大本营乘坐直升机返回加德满都的费用，约1万元人民币。

5.攀登期间的食宿费用

这个费用是探险公司收取的，有探险公司安排登山者的食宿，具体消费约1万元人民币。

6.其他费用

主要是指从卢卡拉徒步至大本营期间的食宿消费，约6000元人民币。

另外，值得一提的是，在攀登开始前，按照登山公司所定的珠峰攀登

价格，登山者需要一次性把所有费用支付给登山公司。

除了这些费用外，还有登顶小费。登顶小费是不包含在这些费用内的，如果登山者成功登顶了珠峰，登山者需要支付给其向导至少1500美金的小费。

珠峰上的网络

在尼泊尔珠峰南坡大本营，手机是没有信号的，偶尔会有E网的信号。尼泊尔某网络公司在珠峰大本营设立了一个提供Wi–Fi的运营点，但是费用非常昂贵。

10GB的流量要250美金。花250美金买10GB的流量确实是挺贵的，但是没有办法，在接下来漫长的攀登期间，只能依靠这些网络来打发时间。

网络不仅贵，而且非常慢。往往上传一个10秒的视频，要3至4个小时。

有人摔倒会不会扶?

有种流言这样说道：在登山的时候，登山者都是很自私的，面对别人摔倒，其他人不会去扶！

还有种流言这样说道：8000米以上无人性！

其实在真实的攀登中，并不是这样的！如果别人需要帮助，其他人会去帮助的，包括去拉人家一把，帮助营救，甚至分享自己的氧气，但是这些对别人的帮助是在自己身体状态允许的条件下进行的，否则，盲目地帮助别人只会让自己陷入非常糟糕的境地。

请大家相信：善良的人无处不在！

两点钟规则

在低海拔地区，下午往往会起风。高海拔地区也是一样的，通常上午天气晴朗，一到下午就开始刮风、下雪。

因此，队伍往往会选择在头一天晚上离开C4营地，开始冲顶，这样的话，正好经过一夜漫长的攀登，第二天凌晨或者上午可以抵达顶峰，在顶峰拍照、拍视频等作短暂停留之后，就可以赶在下午之前开始下撤，因为一旦到了下午，天气多变，对于登山者来说，是非常危险的。

所谓的两点钟规则就是指，登顶时间最晚不能晚于下午两点。当然这些只是建议，并不是强制要求的，每支队伍都有自己的攀登时间安排，当然也要为所做出的决定而负责。

窗口期

登山一定要在合适的天气攀登，这是个常识。顶着大风大雪往上攀登，是非常危险的，人在狂风暴雪的环境里可以说是不堪一击。

因此在最后的攀登阶段，一定要选择合适的冲顶时间。要计划好哪一天从大本营出发，哪一天抵达C4营地，哪一天开始冲顶，哪一天开始下撤，尤其是冲顶和下撤的时间，一定要选择尽可能好的天气，这就是窗口期了。

关于垃圾清理

近些年，关于爱护珠峰环境的声音越来越大。尼泊尔政府也制定了相关的环境保护政策，所有队伍在攀登之前，都要签署这些材料，履行环境保护的责任和义务。

这里面有一些实际的行动，比如说在大本营，登山者的粪便实行干湿分离（即大小便分离），会有专门的人把这些粪便背下山去。

关于厨房所产生的一些湿垃圾，厨师们会把它们摊开，放在塑料薄膜上，置于户外晒干，以消除异味，避免环境污染，晒干后再由专人背下山去。

在其他营地或者登山过程中产生的粪便，也都会被及时地背下山去。

可乐

在珠峰下撤后，某队友跟我说了这么一件事儿：曾经在珠峰上，一瓶可乐可以卖到2.5万美金。

一瓶可乐这么贵，简直让人无法想象，但是我是相信的。为什么呢？在珠峰上，最后攀登的几天，由于高原反应的原因，登山者根本没有任何食欲，除了想喝可乐这些碳酸饮料之外，啥也不想吃、不想喝！

我还从未听说过某位登山者在攀登期间不喜欢喝可乐的，那种咽下肚子里刺激、清凉的感觉，简直可以让每一位萎靡不振的登山者焕然一新，而同时可乐具有的高能量的特性又可以迅速补充登山者所需要的体能。

有的朋友说："大胡子（我的网名），我以后想去珠峰卖可乐。"哈哈，这只能是玩笑话了，说某瓶可乐可以卖到2.5万美金，即使是真的，也是在某种偶然的情况下卖出的，比如急需要救命的情况下。但是，绝不可能是每瓶可乐都能卖这么贵的。

所以大家不要再想着到珠峰上去卖可乐了，想发财致富还要靠其他靠谱的方式才行啊！

下山更难

俗话说，上山容易下山难。下山难在什么地方呢？往往指的是下山途中因为坡度的陡峭，使身体无法平衡、舒适地下撤，因此会造成脚踝、膝盖等损伤。

攀登雪山时，下山一样难。但是不同于一般低海拔的山峰，从雪山下撤时，会走得很慢，往往并不会造成膝盖或脚踝的扭伤等。

从雪山下撤时的“难”是指，在经历了漫长的攀登，尤其是最后几天的冲顶后，攀登者的体能和氧气都几乎消失殆尽，在这种情况下，很容易

发生危险。这也是为什么攀登者受伤或者遇难都发生在下撤时而不是上行时。

直升机飞上去?

直升机飞不到顶峰!

顶峰的大风和发动机的实际性能等因素都决定了直升机飞不到顶峰。

实际上，直升机往往只能飞到海拔6500米的位置（C2营地），这个高度还是安全的。如果有攀登者在海拔7000米左右的位置急需要救援，直升机可以冒着极大的危险去这个高度，但是在这个高度往往无法降落，直升机只能在高空盘旋着，抛一根绳子下来，下面的人把急需救援的攀登者捆绑好后，直升机吊着他飞向低海拔地区进行救治。但是这个费用是非常昂贵的，10分钟的飞行，通常要10万元人民币以上。

登山靠什么，金钱还是勇气？

有不少朋友经常说这么一句话："我要是有钱，我也能登顶珠峰。"

大家只能把这句话当成玩笑话，想要成功登顶珠峰，最重要的绝不是钱，而是勇气。

世界上有钱人太多了，随便找座城市，在这座城市里有钱人可谓成千上万，但是珠峰的攀登历史已经有60多年了，至今只有4000多人成功登顶珠峰。可见，钱对于珠峰攀登来说，并不是最重要的！

实际上勇气是至关重要的，这是因为很多事情并不是你不能做，而是你不敢做。当然攀登珠峰是一项很奢侈的运动，钱的问题总是要解决的。

当你付出了很多努力，有足够的勇气去攀登后，你会发现，钱的问题是很容易解决的！

因为有梦想的人不会孤独，很多人会愿意帮助你实现梦想！努力吧！

没人能把你背上珠峰

有朋友经常说："只要钱足够，夏尔巴可以抬着你上珠峰。"

对此，我只能淡淡一笑！

说这话的朋友，是真的没有去过高海拔地区啊，不知道在高海拔地区行走的艰难。

在海拔6000米以上，背着一块巧克力都觉得累，更不用说抬着一个150斤左右的登山者了。

陡峭的山坡、宽大的冰裂缝、造成呼吸困难的高原反应等都不允许夏尔巴们背着一位登山者上珠峰！

但是，有一点需要明确的是，不同登山者所用的装备和各种配置确实是不同的。

在拥有足够好的体能的前提下，花钱购买足够多的氧气，请足够多的夏尔巴帮助攀登，效果确实不一样。夏尔巴的确不能抬着登山者上顶峰，但是他们推你一把、拉你一把却是可以的，甚至单独请一个夏尔巴背着你喜欢吃的、喜欢喝的东西，这对最终的登顶都会起到很大的作用。

登山装备

关于珠峰攀登装备，请参考下表，表里的各项装备是可以满足珠峰攀登所需要的。根据不同高度的山峰攀登的实际情况，攀登者可以结合着自己的习惯与需要合理增减装备。

珠峰攀登的真相

实际上，珠峰攀登远比媒体报道的要危险得多。

我的一位朋友在另外一支队伍里，他们提前冲的顶，避开了大拥堵，但是他们的遭遇和大拥堵一样危险。

在登顶前，他的印度队友在C4营地里全身抽搐，又面临着即将断氧。他和这位队友的夏尔巴慌忙给这位队友找氧气，氧气找来时，他的队友已经没有了知觉，这时候，他给队友做了心肺复苏，老天保佑，这位队友奇迹般地活了过来。

	序号	品名	数量
服装鞋帽	1	连体羽绒服	1 件
	2	营地羽绒服(300g 以上)	1 件
	3	营地羽绒裤	1 条
	4	冲锋衣	1 件
	5	冲锋裤	1 条
	6	软壳衣	1 件
	7	软壳裤	1 条
	8	排骨羽绒服	1 件
	9	抓绒衣/棉服	1 件
	10	抓绒裤	1 条
	11	保暖衣裤	2 套
	12	排汗衣裤	2 套
	13	遮阳帽	1 个
	14	保暖帽	1 个
	15	魔术头巾	2 条
	16	并指羽绒手套	1 副
	17	防水手套	1 副
	18	保暖手套	1 副
	19	羊毛袜	5 双
	20	徒步鞋	1 双
	21	营地鞋	1 双
	22	拖鞋	1 双
其他装备	1	睡袋(温标-20℃以上)	1 个
	2	睡袋(温标-40℃)	1 个
	3	防潮垫(蛋槽、银搓)	1 个
	4	高山镜	1 副
	5	雪镜	1 副
	6	头灯(含电池)	2 个
	7	1L 保温水壶	1 个
	8	40L 冲顶包	1 个
	9	120L 驮包	1 个

	序号	品名	数量
技术装备	1	高山靴	1 双
	2	登山杖	1 副
	3	冰爪	1 双
	4	冰镐	1 个
	5	头盔	1 个
	6	安全带	1 个
	7	主锁	4 个
	8	上升器	1 个
	9	ATC 下降器	1 个
	10	牛尾(公司赠送)	1 个
	11	120cm 扁带	1 个
个人物品	1	SPF50 防晒霜	1 支
	2	润唇膏	2 支
	3	个人洗漱用品	
	4	个人常用药品	
	5	女性用品(卫生巾、经期药物)	
	6	尿壶	1 个
	7	能量棒/胶	
	8	餐具	
	9	相机/摄像机	
	10	充电器/线	
	11	电源转换插头(尼泊尔为圆孔)	1 个
	12	护照	
	13	现金	
	14	信用卡	
	15	旗帜	
	16	日记本	1 个
	17	笔	1 支
	18	瑞士军刀	1 把

我这位朋友登顶后，体能也出现了问题，他的夏尔巴向导曾经跪在地上向山神祈祷，祈求他能活下来。最终很幸运，他安全下撤到了C4营地。

他们顶着巨大的困难，全队登顶。但是其中有件事情不得不提：有个队员冲顶了两次才登顶，第一次是因为他的向导身体发生了状况，体能不足，不得不放弃，返回到C4营地。下撤到C4营地后，这位没有登顶的队员很是不甘心，想再试一次，但是所有的夏尔巴都太累了，没有人愿意去。但毕竟他没有登顶不是因为他自己，而是因为他的向导的原因，这时全队做出一个冒险的决定，找一位夏尔巴再带领他冲顶一次。最后，他们奇迹般地登顶了，并且安全地返回了C4营地，活了下来。一天半内连续冲顶两次，这种勇气是巨大的，真的是不敢想象！

至此，此书关于本人2019年珠峰南坡攀登的介绍就全部结束了，感谢广大粉丝朋友们的阅读！在此，也敬请大家关注本人接下来的2020年珠峰北坡攀登的整个过程。大家可以通过下面各平台关注我的账号来了解整个珠峰攀登的实时动态：

抖音：汝志刚（大胡子Henry）；

快手：汝志刚（Henry）；

今日头条：大汉雄唐；

微博：大胡子Henry__汝志刚；

微信公众号：环球登山旅行探险。

在此，我衷心地感谢大家对我的理解和支持！祝愿大家身体健康、万事如意！

图书在版编目（CIP）数据

我的珠峰攀登/汝志刚著. —合肥：合肥工业大学出版社，2020.4（2023.2重印）
ISBN 978-7-5650-4872-2

Ⅰ. ①我… Ⅱ. ①汝… Ⅲ. ①珠穆朗玛峰—登山运动—中国 Ⅳ. ①G881.92

中国版本图书馆CIP数据核字（2020）第055583号

我的珠峰攀登

汝志刚 著　　责任编辑 张择瑞 马栓磊

出　版	合肥工业大学出版社	**版　次**	2020年4月第1版
地　址	合肥市屯溪路193号	**印　次**	2023年2月第2次印刷
邮　编	230009	**开　本**	710毫米×1010毫米 1/16
电　话	理工编辑部：0551-62903204	**印　张**	17.5
	市场营销部：0551-62903198	**字　数**	205千字
网　址	www.hfutpress.com.cn	**印　刷**	安徽联众印刷有限公司
E-mail	hfutpress@163.com	**发　行**	全国新华书店

ISBN 978-7-5650-4872-2　　定价：68.00元

如果有影响阅读的印装质量问题，请与出版社市场营销部联系调换。